鬼退治・
天狗妖怪対策を語る

源《みなもとの》頼光《らいこう》の霊言

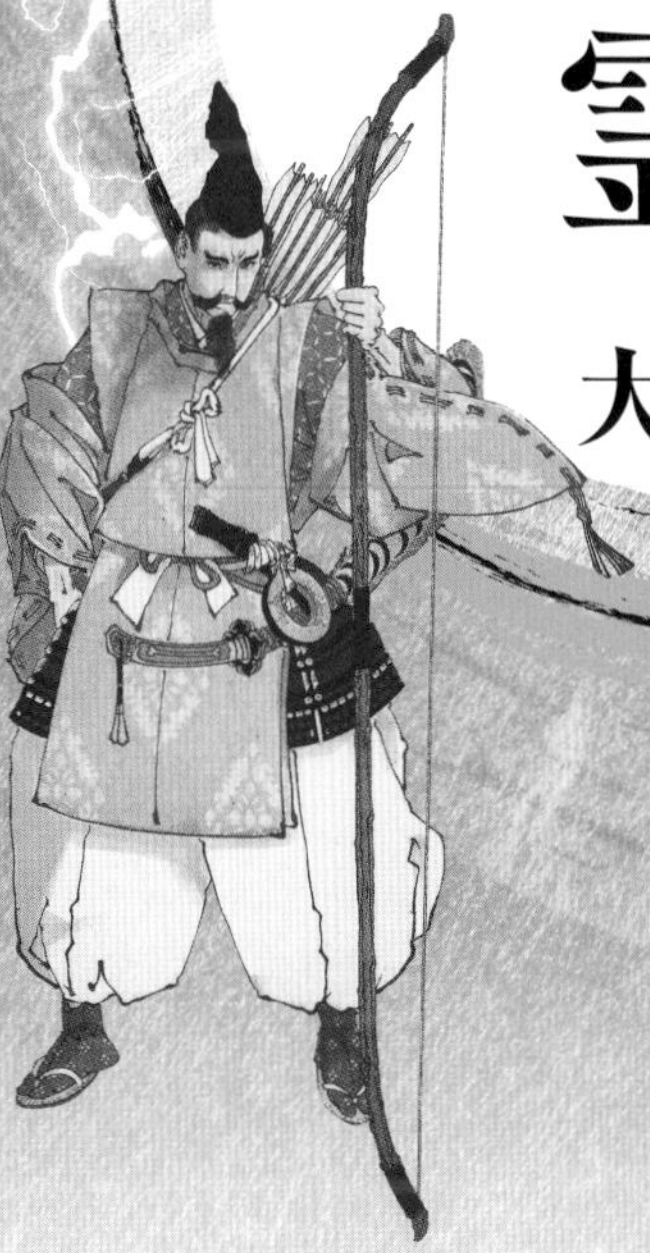

Ryuho Okawa
大川隆法

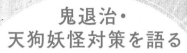

本書第1章の霊言は、2020年2月19日、幸福の科学 特別説法堂にて、公開収録された。

まえがき

現代文明では、ただの昔話に過ぎないし、マンガ、アニメには出てくるぐらいか。「鬼退治《おにたいじ》」という言葉で連想するのはその程度だろう。

だが、宗教家として、霊界探究していると、天界―地獄界の対立図式だけでは分類できないものが存在することが分かる。

背広を着たり、スカートをはいている人たちの中に、鬼、天狗《てんぐ》、妖怪《ようかい》、妖魔《ようま》、龍神《りゅうじん》などの、昔話の存在が、霊体としていまだ活躍、暗躍《あんやく》している。「その心」が視《み》えるのである。凶悪な犯罪や倒産、リストラの陰には「鬼」の姿が見えてくる。気がつけば民主主義社会にも、男にも女にも天狗はたくさんいる。その傾向は、子供時代に絵本で読んだ通りだ。妖怪も研究中だが、バリエーションが多すぎて、整然と分類するのは難しい。妖魔は妖狐《ようこ》が多く、妖蛇《ようじゃ》もいる。龍神にも、神仏を外護《げご》する者もあれば、悪魔の手先になっているものもある。

源頼光《みなもとのらいこう》という平安期に大江山《おおえやま》の鬼退治で名をはせたヒーロー。藤原道長《ふじわらのみちなが》などが表舞台で国政を動かしていた背後に、賀茂光栄《かものみつよし》、安倍晴明《あべのせいめい》などの陰陽師《おんみょうじ》が朝廷の内側を固めていたが、洛外《らくがい》の強敵に対しては、源頼光と四天王《してんのう》たちが、戦っていたのだ。

鬼・天狗・妖怪たちにも、ある種の宗教性はある。ただ自己中心的で、他者を犠牲にする傾向がある。

「知は力なり。」である。本書で、自分の中に、同じ傾向が出ていたら、正しい仏法真理を学ぶことだ。自分の心は自分自身が変えずして、誰が変えてくれるというのか。自室《じしつ》をゴミ屋敷《やしき》にしたら、それを掃除《そうじ》するのは、あなた自身だ。

一見毛色《けいろ》のかわった本書が、あなたの「世界」理解と、「自己変革」に役立つことを切に祈る。

二〇二〇年　五月十二日

幸福《こうふく》の科学《かがく》グループ創始者兼総裁《そうししゃけんそうさい》　大川隆法《おおかわりゅうほう》

源頼光の霊言　目次

2 「鬼」とはどのような存在か 29

第2章　源頼光の霊言

――鬼を成敗《せいばい》するヒーローの存在――

二〇一九年十一月二十二日　収録

徳島県・幸福の科学　聖地エル・カンターレ生誕館にて

「霊言現象《れいげん》」とは、あの世の霊存在の言葉を語り下ろす現象のことをいう。これは高度な悟《さと》りを開いた者に特有のものであり、「霊媒現象《れいばい》」（トランス状態になって意識を失い、霊が一方的にしゃべる現象）とは異なる。

なお、「霊言」は、あくまでも霊人《れいじん》の意見であり、幸福の科学グループとしての見解と矛盾《むじゅん》する内容を含《ふく》む場合がある点、付記しておきたい。

第1章　源頼光《みなもとのらいこう》の霊言《れいげん》

――鬼《おに》退治・天狗《てんぐ》妖怪《ようかい》対策を語る――

二〇二〇年二月十九日　収録
幸福の科学　特別説法堂《せっぽうどう》にて

源頼光《みなもとのらいこう》〔頼光《よりみつ》とも〕（九四八〜一〇二一）

平安時代中期の武将。満仲《みつなか》の長男。摂津源氏《せっつげんじ》の祖。父は清和《せいわ》源氏、母は嵯峨《さが》源氏の流れを引く。備前《びぜん》、美濃《みの》、伊予《いよ》、摂津などの国守《こくしゅ》を歴任。内蔵頭《くらのかみ》、左馬権頭《さまごんのかみ》、東宮権亮《とうぐうごんのすけ》等を務める。藤原兼家《ふじわらのかねいえ》の別邸《べってい》・二条京極殿《にじょうきょうごくどの》新築に際し馬三十頭を贈《おく》り、道長《みちなが》の土御門殿《つちみかどどの》再建のときには調度品一式を献上《けんじょう》するなど、藤原摂関家《せっかんけ》と関係を築き、勢力を伸張《しんちょう》していった。また、武勇に優《すぐ》れ、大江山《おおえやま》の鬼《おに》（酒呑童子《しゅてんどうじ》）退治の伝説でも知られる。家臣に「頼光四天王《してんのう》」がいる。

質問者

武田亮《たけだりょう》（幸福の科学副理事長 兼《けん》 宗務《しゅうむ》本部長）

神武桜子《じんむさくらこ》（幸福の科学常務理事 兼 宗務本部第一秘書局長）

［質問順。役職は収録時点のもの］

1　源頼光《みなもとのらいこう》に「鬼《おに》退治・天狗妖怪《てんぐようかい》対策」について訊《き》く

人々が現代よりも霊的《れいてき》だった平安時代

大川隆法　今日は、源頼光《みなもとのよりみつ》、普通《ふつう》は「頼光《らいこう》さん」と呼ばれている、源頼光《みなもとのらいこう》の霊言《れいげん》を賜《たまわ》ろうかと思っています。

また、副題にもあるように、趣旨《しゅし》として「鬼《おに》退治・天狗妖怪《てんぐようかい》対策を語る」というものを挙げてみました。

最近、霊的に邪魔《じゃま》をしに来るものなどもけっこういて、宇宙から応援《おうえん》に来てもらったりもするのですが、〝地球版〟では、この源頼光が、それに似た仕事ができる人のように思われます。あっさりと言ってしまえば、「千年前のアベンジャーズ」なのではないかという感じがするのです。

「鳴くよウグイス平安京」の七九四年から平安の時代が始まり、八〇〇年代の百年と次の百年、そして、もうあと二百年ほどで鎌倉《かまくら》の武士の世に入っていくわけですが、この中期の終わりから後期に入るころに、源頼光は出現しています。九四八年に生まれ、一〇二一年に亡《な》くなったということです。

当時、平安朝の公家《くげ》といいますか、貴族政治が行われていましたが、必ずしも絢爛豪華《けんらんごうか》なものばかりではなく、やはり、天変地異が多くて、魑魅魍魎《ちみもうりょう》が跋扈《ばっこ》する時代ではあったようです。

そして、現代の私たちの時代とは違《ちが》って、当時の人たちは、もう少し霊的に物事を感じることができ、現実にいろいろなものが視《み》えたり感じたりしたようですし、今なら、医者が唯物論《ゆいぶつろん》的にいろいろと病名を診断《しんだん》し、薬を与《あた》えたりしているようなことでも、「さまざまな生霊《いきりょう》が来ている」「怨霊《おんりょう》が来ている」などといったことが分かる時代ではあったようなのです。

実際は、そういうものは「今も存在してはいる」のですが、治療《ちりょう》する側はそれを知らないので、唯物的に対処しているという状態ではあります。

そのように、霊的な影響《えいきょう》はけっこうあった時代だと思います。

アニミズム的な側面もある日本霊界《れいかい》

大川隆法　ただ、一つ盲点《もうてん》としては、当会は、●四次元から九次元ぐらいまでをかなりすっきりと描《えが》いた霊界観《れいかい》を持っているのですが、これについては、「文明国の霊界観」はそのとおりではあるものの、国別に見ると、「それぞれに、民族神や伝統的なものもだいぶいる」ということです。

●**四次元から九次元**……　あの世（霊界）では、一人ひとりの悟りの高さに応じて住む世界が分かれている。地球霊界における人霊の世界は、霊界の入り口である「四次元幽界」から救世主の世界である「九次元宇宙界」まである。『永遠の法』（幸福の科学出版刊）参照。

日本霊界についても、すでに三十数年調べていますが、なかなかはっきりとは分からず、キリスト教文化圏《けん》からいろいろと批判されるような内容も、一部あるのではないかという気はしています。

仏教や儒教《じゅきょう》やキリスト教などが日本に入ってくるようになり、「教えのある宗教」というものが根づいてくると、例えば、仏教なら、過去世《かこぜ》において仏教文化で勉強したような人が外国からも日本に転生《てんしょう》してこられるし、儒教でも、儒教文化圏の人が転生してこられるし、キリスト教が入れば、キリスト教文化圏の人も転生して入《はい》れるということにはなるのですが、それ以前の日本となると、若干《じゃっかん》、怪《あや》しい感じがするのです。

ですから、日本の宗教の始まりのところを取って悪く言う人のなかには、「アニミズムの世界だ」と言う人もいます。「自然霊崇拝《すうはい》」のようなもので、山も川も何もかも、すべてに神や精霊がいたり、あるいは、「動物も神として祀《まつ》ったりするようなアニミズムだ」と言う人もいるのです。

ただ、これに関しては、日本だけではなくインドなどにも、多少、そういうところはあり、わりと動物崇拝もしています。インドにも、日本にはないガネーシャのような象《ぞう》の神様がいたり、あるいは、蛇《へび》の神様や猿《さる》の神様などがたくさんいたりするので、「動物たちもアニマ（魂《たましい》、霊魂《れいこん》）を持ち、いろいろと影響力や霊的力がある」ということを知ってはいたのでしょう。

そういうところが日本にも多少はあり、第二次大戦が起きた背後にある理由の一つとして、やはり、「アメリカなどからは、日本が非文明国に見えていた」ということがあるのです。確かに、稲荷信仰《いなりしんこう》や蛇信仰など、動物まで神様扱《あつか》いをして拝《おが》んでいるところを見たら、「これは、かなりおかしいのではないか」と思うのも分かります。

ですから、マヤやアステカのような古代・中世の中南米の信仰や、もっと言えば、今のインドネシア圏に当たる、南のほうのボルネオあたりの宗教のようなものでしょうか。昔は「人食い人種」もいたので、人を生贄《いけにえ》に捧《ささ》げて、踊《おど》って酒を飲んで食べるといったこともあり、「そういう〝鬼のような宗教〟がたくさん入っているのではないか」と見ていたのかもしれません。

これについては、私も、「日本の戦いには、もう少し聖なるものもあったのだ」ということをだいぶ言ってはいるものの、一部、そのように思われてもしかたがないところはあるのではないかという気もしているのです。

例えば、●大本教《おおもときょう》なども弾圧《だんあつ》されましたけれども、戦前・戦中と、戦後少しの間は、日本の教派神道《きょうはしんとう》のなかでは大きいものの一つではありました。その二代目教祖の出口王仁三郎《でぐちおにさぶろう》が書いた『霊界物語』は、復刻版も出てはいるものの、現代ではやや読みづらいので、読む根気のある人はなかなかいないとは思います。ただ、分かる範囲《はんい》で読んでみても、やはり、そこに書かれている霊界の世

●**大本教**　開祖・出口なお、聖師・出口王仁三郎を二大教祖とする日本の新宗教。

界は、「妖怪変化《へんげ》の世界」なのです。

霊界を見てきた彼が「霊界世界」と言っているものには、「妖怪変化の世界」がそうとう多くあります。簡単に言えば、〝狸《たぬき》・狐《きつね》の化《ば》かし合い〟のような世界ではありますが、もう少し細《こま》かく言うと、「鬼や天狗、妖怪、妖魔」、それから「地獄《じごく》のもの」まで含《ふく》めて、いろいろなものが出てくる世界なのではないかと思えてなりません。

源頼光は、いわば平安時代の「アベンジャーズ」

大川隆法　そういうことで、今日は、「源頼光の霊言」をしてみようと思うのですが、おそらく、これは、「法力《ほうりき》の研究」にも多少は関係するのではないかと思います。

先ほど、「アベンジャーズ」とも言いましたけれども、「アベンジャーズ」というのは、アイアンマンやスパイダーマン、キャプテン・アメリカ、超人《ちょうじん》ハルクなど、アメリカのスーパーヒーローがたくさん出てきて、「そうした超人たちが、人類を悪から護《まも》る、あるいは宇宙より来る変なものから護る」という設定のものです。源頼光には、多少、そんな役もあったのではないかと思います。

文献《ぶんけん》としてはほとんど遺《のこ》っていませんが、都《みやこ》周辺の備前守《びぜんのかみ》や美濃守《みののかみ》、伊予守《いよのかみ》などを歴任し、いろいろと守護をしていた人のようであり、おそらく、もとは嵯峨《さが》天皇の嵯峨源氏《げんじ》等の流れのなかにある者でし

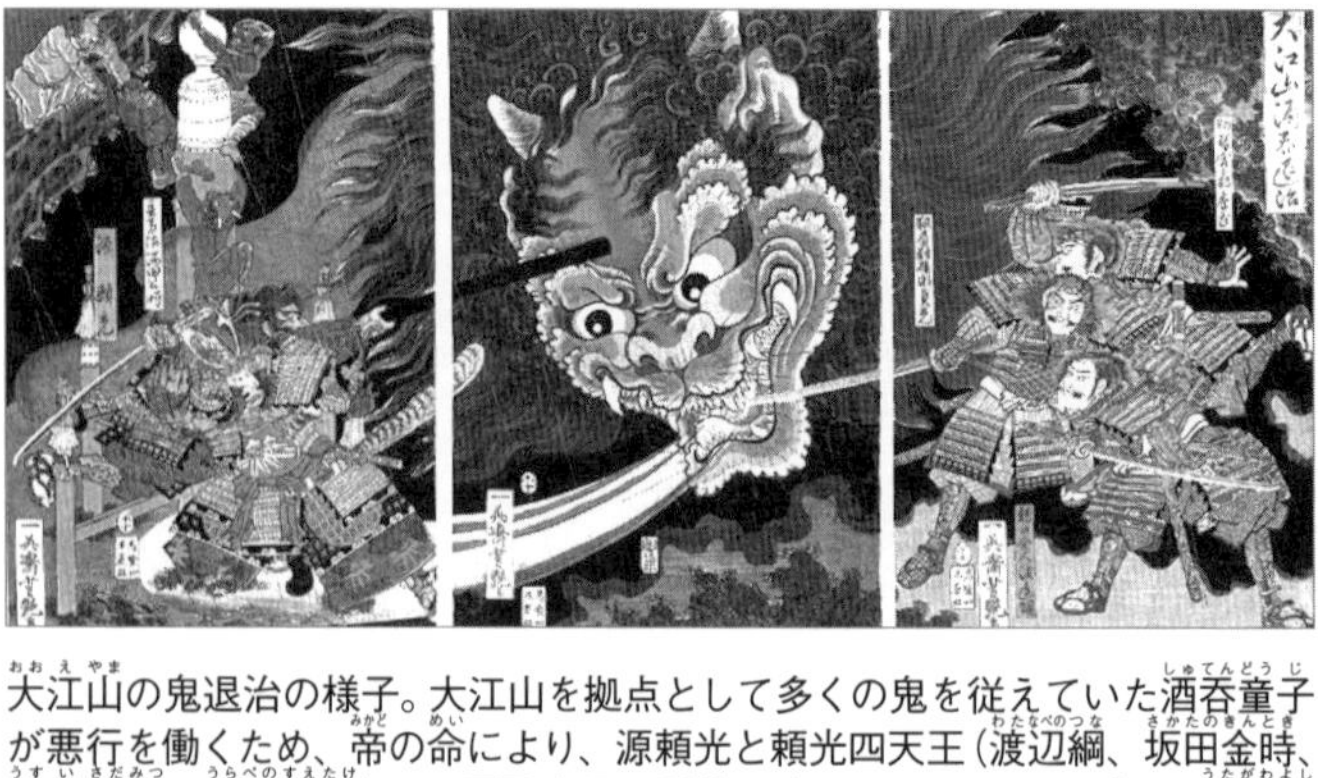

大江山《おおえやま》の鬼退治の様子。大江山を拠点として多くの鬼を従えていた酒呑童子《しゅてんどうじ》が悪行を働くため、帝《みかど》の命《めい》により、源頼光と頼光四天王（渡辺綱《わたなべのつな》、坂田金時《さかたのきんとき》、碓井貞光《うすいさだみつ》、卜部季武《うらべのすえたけ》）は、酒呑童子の討伐に向かったとされる。（上：歌川芳艶《うたがわよしつや》画「大江山酒呑退治」、1858年）

ょう。本人は「摂津《せっつ》源氏の祖」ともいわれ、最後は、摂津守を任ぜられて、没《ぼっ》しています。

また、郎党《ろうとう》というか子分に、渡辺綱《わたなべのつな》や坂田金時《さかたのきんとき》といった、「四天王《してんのう》」と呼ばれる人たちもいて、こういう人たちが、いろいろな魑魅魍魎や鬼の退治などで活躍《かつやく》したらしいということが分かっています。

現代にも姿形《すがたかたち》を変えて存在する「鬼《おに》や天狗《てんぐ》、妖怪《ようかい》、妖魔《ようま》」

大川隆法　当時は、非常に霊的な時代ではありましたが、一方では、きらびやかな平和を楽しむ時代でもあり、「妖怪《ようかい》や妖魔《ようま》たちに対して、極《きわ》めて弱い時代」でもあったのではないでしょうか。

今なら、もしかしたら、こういうものは、すでに「国会のなか」に存在しているかもしれませんし、「役人のなか」にもいるかもしれませんし、あるいは、「大きな企業《きぎょう》の経営者のなかで、大問題を起こしたりするような人」などもそうかもしれません。

今、「鬼退治《おにたいじ》」などと言うと、カルロス・ゴーンさんの顔を思い浮《う》かべたら、どう見ても〝赤鬼〟のように見えてしかたがないこともありますし、アメリカの、息子《むすこ》のほうのブッシュ大統領も、イラク戦争をしているときは赤ら顔で、どうしても〝赤鬼〟にしか見えないようなときもありました。ですから、やはり、「心の状態が、そのように外に出るのではないか」と思うところもあります。

そういうこともあり、「大江山《おおえやま》の鬼退治」は、おそらく、歴史的事実として本当にあったものだと思います。

現代の歴史家は、「都から離《はな》れた山のなかの洞窟《どうくつ》等に、山賊《さんぞく》のようなものがたくさんいて、都に来て人さらいをしたり、押《お》し入《い》ったりして、怖《こわ》がらせていたのではないか。それを退治したということなのではないか」と考えているのではないでしょうか。

今は〝人間の形〟をしているのかもしれませんが、霊的に見れば「鬼」と思えるような人もいますし、最近では「天狗《てんぐ》」ともよく話はしています。姿をあまり見せないのは「妖怪」なのですけれども、おそらく、妖怪も今現在は、妖怪の形では出てこられないので、人間に宿って出てきているのではないかと思われます。

また、「妖怪」と「妖魔」とに何か違いがあるのかどうか、よく分からないのですが、「妖魔」のほうは、もう少し積極的に攻撃《こうげき》してきたり、襲《おそ》ってきたりするようなところがあるのではないかと思うのです。

「妖怪」のほうは、基本的にはテリトリーがありながら、人間と接するときに、脅《おど》したりするようなことが多いタイプではないかと思います。「ゲゲゲの鬼太郎《きたろう》」に見る〝水木《みずき》しげるの世界〟のように多彩《たさい》な妖怪は、当会ではまだ出してはいません。どこかには棲《す》んでいるのだろうとは思いますが、おそらく数は減ってはいるし、人間に宿ったりしているうちに、多少は〝文明化〟しているのではないでしょうか。

ただ、心配なのは、『日本書紀《にほんしょき》』や『古事記《こじき》』以前の日本の神々といわれているようなもの、仏教伝来以前の、もともといたもののなかには、こういうものも入っているのではないかと思われる節《ふし》があるということです。何か「神変《じんぺん》」を起こしたり、「異常な超能力」を発揮したりと、普通の人間の力を超《こ》えたようなことをする者は、「神」と呼ばれていたことが多かったのではないかと思います。

これに対して、「正義の立場から、あるいは国家安泰《あんたい》の立場から戦う者」もいて、平安時代は、陰陽師《おんみょうじ》や密教僧《みっきょうそう》、それから、武将たちのように、実際に剣《けん》や弓矢を取って戦う者たちがやっていたのではないでしょうか。

今回、少しでも「日本霊界の秘密」に迫《せま》れたらと思います。

鬼《おに》退治の元祖・源頼光を招霊《しょうれい》する

大川隆法　頼光さんは歌人《かじん》としても知られてはいるのですけれども、やはり、どちらかといえば、「鬼《おに》退治の元祖」のような人かと思います。

あるいは、坂田金時は、「足柄山《あしがらやま》の金太郎《きんたろう》伝説」のもとですし、さらに、「鬼ヶ島の鬼退治をした桃太郎《ももたろう》」もいます。鬼ヶ島に関しては、おそらく、岡山《おかやま》から瀬戸内海《せとないかい》の島あたりに、海賊でもいたのでしょう。

いずれにせよ、そのような、「昔のヒーロー」がいたことは間違いないと思っています。

こういう人に、魔性《ましょう》の者たちの存在や、自分たちの仕事、あるいは「スーパーパワーが存在しうるのか」というようなことを訊《き》いてみたいと考えています。

では、平安時代の四天王を従えた源頼光さんをお呼びしまして、私たちの霊界探究にとって、何らか役に立つようなことをお聞きできれば幸いです。

源頼光さんよ。

どうぞ、幸福の科学に降りたまいて、その心の内を明かしたまえ。お願いします。

（約十秒間の沈黙《ちんもく》）

2 「鬼《おに》」とはどのような存在か

オウム真理教の麻原彰晃《あさはらしょうこう》は「現代の鬼」

源頼光　うん。頼光です。

武田　源頼光様、本日は幸福の科学にご降臨《こうりん》くださり、まことにありがとうございます。

本日は霊界《れいかい》探究の一環《いっかん》として、「大江山《おおえやま》の鬼《おに》退治」で有名な源頼光様に、「鬼退治」や「天狗《てんぐ》・妖怪《ようかい》の対策」などについてお話を伺《うかが》えればと思っております。

どうぞよろしくお願いいたします。

源頼光　うーん。

武田　まず初めにお伺いしたいのですが、現代にも伝えられている「大江山の鬼退治の話」「酒呑童子《しゅてんどうじ》退治の話」は、実際にあったことなのでしょうか。

源頼光　うん。そうだよ。そのとおり。

武田　そうですか。そうしますと、酒呑童子という存在は、やはり「鬼」であったと。

源頼光　うーん。

武田　まず、「鬼とは、どのようなものなのか」についてお伺いしたいと思います。

源頼光　まあ、最近で言えば、オウム真理教なんかは「鬼」だわな。

武田　なるほど。

源頼光　ずばり、麻原彰晃《あさはらしょうこう》とかは「鬼」だわな。だって、実際に人をさらって、ねえ？　財産を奪《うば》って、貯金通帳とかねえ、お金、金目のものは全部奪って、殺して焼却《しょうきゃく》したりしているし。あとは、都《みやこ》、東京に出没《しゅつぼつ》して、サリンを撒《ま》いて人を殺そうとかしておったわな。これはもう、明らかに「鬼の所業《しょぎょう》」だね。だから、「鬼」と呼ばれる者のなかにも、〝宗教的要素〟も含《ふく》まれてはいるわけで。単なる野盗《やとう》というだけでは済まない、多少なりとも、もう一段、〝宗教的な磁場《じば》〟があることが多い。

酒呑童子《しゅてんどうじ》は、今で言えば「共産主義的な考え方」の反乱分子

源頼光　大江山の鬼退治でも、大江山に巣くっていたことは間違《まちが》いないけれども、その酒呑童子《しゅてんどうじ》なる者が、単なる野盗だけではなくてですね、今のオウム真理教に近いような、一定のポリシーを持った考え方でやっていた。

まあ、当時の考えとしては、「京の都で、貴族たちが、飲めや歌えや舞《ま》い踊《おど》り、そして、歌を詠《よ》んで優雅《ゆうが》に暮らしておる」と。「都の外側では、農民たち

が油を搾《しぼ》られて、その日のものにも（困って）、食べられずに飢《う》えておる」と。

また、「伝染病《でんせんびょう》がずいぶん流行《はや》ってバタバタと死んでいる。身分のある者は救われる治療《ちりょう》を受けることもできるが、そうした者たちは、もう死ぬがままになされている」という、そういう社会的不満もあってね。

だから、今で言えば「共産主義的な考え方」がね、当時としては「反権力というかたちでの反乱分子」にもよくなっていて、それを鎮圧《ちんあつ》するのはけっこう大変ではあったわけだよね。

まあ、そういう意味もあったと思う。

当時、都人《みやこびと》から「鬼」と見られていた者たち

源頼光　そういう野盗、酒呑童子を中心とする野盗勢力もあったが、それ以外

にも、これに加担する、年貢《ねんぐ》を納められない者たちや、病気をしている者とか、その他、〝穢《けが》れのある者〟として、都《みやこ》から遠ざけられていた者がだいぶいたんでね。

特に、今はかなり少なくなっているけど、昔の病気としては、外側にいろんなできものとか腫《は》れ物、そういうものが出る皮膚病《ひふびょう》の類《たぐい》のものがいっぱい流行っていて、見るからに醜《みにく》いからねえ。人間とは思えない〝異形《いぎょう》の相〟を示しているからね。そういう者とかが一緒《いっしょ》になって襲《おそ》ってくると、やっぱり都のなかの者は怖《こわ》いからね。

だから、これは今で言えば、本当だ。西洋ではゾンビ映画とか、ドラキュラの映画みたいになるのかもしれないけど、日本のほうが先だよな。こちらのほうが先で、いっぱい出てくるんで。体・顔中、吹《ふ》き出物とか膿《うみ》が出ているような者がいっぱい襲ってきたら、触《さわ》ったらうつりそうで怖いだろう？　だから、戦うのもけっこう大変だわな。

それで、中心的には、やっぱり、何かそういう「呪力《じゅりょく》を持っているような者がいる」ということだし、「強い者もいる」ということだよな。

だから、財産・財宝を狙《ねら》いにも来るし、人をさらいにも来るし、女たちをさらいに来る。まあ、酒は飲むから、酒も大樽《おおだる》を積んで持っていくみたいな。押《お》し入りだよな。そういうものを蓄《たくわ》えているところに押し入って、持って帰るみたいな。まあ、〝強盗《ごうとう》経済〟だね。〝略奪《りゃくだつ》経済〟というのが流行っておったということだな。これにも一種の〝分配機能〟があることはあったんだけどね（苦笑）。

特に、「都人《みやこびと》から搾取《さくしゅ》されないためには、むしろ、鬼として怖がられるほうがいい」というところもあったんでね。だから、「近寄らせないようにする」というところもあったわなあ。

「実際に、四天王《してんのう》と退治した」というのは、そのとおりだな。

武田　そうしますと、「鬼」という存在は、あくまで人間であって、現代の私たちがイメージする赤鬼や青鬼のような、「角《つの》や牙《きば》が生《は》えていて、人間とは思えない容姿をしている生き物」とは違うということでしょうか。

源頼光　うーん、まあ、ただ、未開の宗教なんかには多いように、やっぱり、獰猛《どうもう》な動物のアニマを食《く》らって、強くなったように見せるようなところがあるから、人間の顔でそのまま接しているとは思わない。やっぱり、いろんなものをつけたりはしているから。角をつけたりとか、そういうことは現実にはあったんじゃないかなあ。

だから、そういうふうな、格好自体が相手を脅《おど》すような格好を、けっこうしていたと思うね。いかにも〝異形の者〟という感じはしていたから。面をつけることもあれば、動物たちの角みたいなものをつけたりとか、まあ、〝不思議な格好〟はいっぱいしてはいたわなあ。

大江山《おおえやま》の酒呑童子が持っていた超能力《ちょうのうりょく》とは

武田　酒呑童子は部下をたくさん従えていたので、強い鬼だったのではないかと思うのですが、何か「スーパーパワー」のようなものを持っていたのでしょうか。先ほど、「呪力」というお話もありましたが、何か「特別な力」があったのでしょうか。

源頼光　そうさねえ、うーん……。まあ、ある種の「幻覚《げんかく》作用」みたいなものを使えていたのではないかと思うんだよな。

だから、それにかかると、周りがみんな、そういう「百鬼夜行《ひゃっきやこう》の世界」に見えてくるっていうの？　今なら覚醒剤《かくせいざい》や麻薬《まやく》等を使えば、そんな世界を見る人はいっぱいいるとは思うが。そういう、「この世ならざるものを見せるような力」を持っていたような……。

だから、「集団催眠《さいみん》」だよな。ある意味で、「集団催眠のようなものをかける力」を持っていたと思うんだ。これは、一つの超能力《ちょうのうりょく》だろうな。

そういう、恐怖心《きょうふしん》を増幅《ぞうふく》させる、お互《たが》いに持っている恐怖心が呼応し合って増大していくような、そんな力を持っていたのと同時に、弱みとしての、「都人の罪悪感」みたいなもの？　こういうものを責め立ててくる力を何か持っておったように思うなあ。

あとは、そうだねえ……。もちろん、「霊界からも協力している者」はいたと思うので、彼らの役に立つような者たちは現れていたと思うし。

当時はね、「霊視《れいし》」が利《き》く人がわりに多くて。それから、夜も暗いしね。夜も暗いので、夕方になればもう、「逢魔時《おうまがどき》」といってね、〝魔に逢《あ》う時間〟だから、外を出歩くのが怖い。特に女子供たちは、「怖い鬼が来て、さらわれる」とよく言っておったけれども、人気《ひとけ》が少なくなると、よくさらわれる。

実際は、金を持っているような家の子女が襲われることのほうが多かったんだけどね。だいたい、さらっていって、あと、金品《きんぴん》を要求するようなことは多かったんじゃないかと思うがな。それを要求しにくる子分たちもまた、〝異様な出《い》で立ち〟をしてやって来るということもあったわなあ。

だから、現代的に見れば、本当に、オウム真理教みたいなものだと想像すれば、ほぼ似ているような気はするがなあ。うん。

「デーモンとしての鬼」と「光の天使の予備軍としての鬼」

武田　幸福の科学では「鬼」について、「悪魔のような存在」とも、「地獄《じごく》で、地獄に堕《お》ちた人を教育する光の天使の予備軍」とも教わることがあるのですけれども、頼光様がご覧になって、鬼とはどのような存在だと言えますか。

源頼光　いやあ、その境目は難しいわなあ。「デーモン」といわれる悪魔の存在たちも、角が生えているのが多いからね。現実に角が生えているから。それは「心の表れ」として、そういうものが出てくるんだろうね、やっぱり。角が生えているし。

まあ、子供たちから見ても、母親が教育ママで怒《おこ》りまくってるようなときは、お母さんには角が生えているように見えるだろう？　そういうところはあるから、現実にそう見えるわなあ。

鬼というものも、「鬼教師」とか「鬼のような親」とか、いろいろあるけど、それが本当に、「善悪の『悪』の側に堕ちている」と完全に判定されるようなものであれば、それは、地獄の鬼を「デーモン」と訳しても別におかしくないが。そういう存在でもありえるけれども。

そうではなくて、厳しく導くために必要な〝愛のムチ〟を持っているものもあるからね。その場合の「鬼」は、若干《じゃっかん》違う意味合いもあるかもしれないから、程度に多少差はあるんじゃないかなあ。

甘《あま》いだけで接しておれば、人間は堕落《だらく》したり、易《やす》きにつく場合もあるから。そういう子供が大人になったあとは、けっこう悲惨《ひさん》なことになって、税金の無《む》駄遣《だづか》いをさせるようなことをやったり、自堕落《じだらく》な生活をしたり、犯罪の温床《おんしょう》になったりしていくことも、けっこうあるから。その意味では、厳しい躾《しつけ》とか、そういうものも要《い》るし。

武士なんかは特に、そういう躾は要るわなあ。「武道も習わせて精神力を鍛《きた》える」というようなところはあるから。

まあ、結果的に、「塀《へい》のどっち側に落ちるか。犯罪のようなものまで行くか、当然ながらの厳しさか」というあたりのところはあるかもね。

ただ、どっちも、「鬼」に見えるときはあるかもしれないね。

鬼は「政治の行き届いていないところ」に関係がある？

武田　酒呑童子は、やはりデーモン的な存在でしょうか。

源頼光　そうでしょうね。そう見ていいでしょうね。

いや、頭が、ある程度はいいんだよ。いわゆる「悪賢《わるがしこ》い方面での知能」は高いんだと思うんだよね。そういうことで考えられる知略は持っているんだと思うけどね。

それは、正規に使われたら、戦国時代なんかだったら、「武将」とか「軍師・参謀《さんぼう》」になれるような才能なのかもしれないけれども、そうした正規の志《こころざし》がない者は、やっぱり「社会破壊者《はかいしゃ》」にしかすぎないわね。

だから、「鬼」は出現しますよ。身分の差があるようなところ、社会的差別があったり、貧困があったりするなかに。まあ、「その不満・鬱憤《うっぷん》の晴らし方が、どういうものか」ということだよね。

これを長い間、時間をかけてね、何百年もかけて、千年、二千年をかけて研究しているんだろうけどね。社会制度を変えたり、経済をいじったり、いろんなことをしながら、あるいは、宗教的道徳を語ったり、いろいろやってはいるけれども、一般的《いっぱん》には「反発・反抗《はんこう》・反逆」というかたちになることが多い。「中央、あるいは上層部が理不尽《りふじん》なことを言っていると見たら、首領を担《かつ》いで反乱する」というのが普通《ふつう》だね。

時代はもうちょっと下るかもしれないが、「平将門《たいらのまさかど》の乱」みたいのだって、まあ、ある意味では、鬼と言えば鬼だろうね。

そういうこともあるので。まあ、本当は、「政治の行き届いていないところ」が関係はあるのかもしれないけれどもね。

お隣《となり》の中国みたいなところだって、例えば、香港《ホンコン》とか台湾《たいわん》とかを「取るぞ、取るぞ」とあんまり脅しをかけていると、だんだん習近平《しゅうきんぺい》の顔も鬼に近づいていくようには見えるわな。

だから、人に対してだけは厳しくて、自分たちは一切《いっさい》、罪科《つみとが》を認めないような人たち、これが鬼だろうし、現実に多くの人たちを殺《あや》めたり苦しめたりすることが非常に激しい場合は、やっぱり、それは、いわゆる「鬼」という言葉から「悪魔」とかいう言葉に置き換《か》えてもいい存在にはなりうるだろうね。

3　鬼《おに》退治と「法力《ほうりき》・霊力《れいりょく》・念力《ねんりき》」について

酒呑童子《しゅてんどうじ》を退治したときの計略とは

武田　「鬼《おに》退治」についてお伺《うかが》いします。

当時のお話では、頼光様が部下の四天王《してんのう》と山伏《やまぶし》に変装して、酒呑童子《しゅてんどうじ》の住む城を訪ねたとされています。その際、八幡大菩薩《はちまんだいぼさつ》に祈願《きがん》して授《さず》かった、特殊《とくしゅ》なお酒、まあ、毒のお酒かもしれませんが、それを酒呑童子に飲ませて退治したというようなお話が遺《のこ》っています。どのようにしたら鬼を倒《たお》せるのか、「鬼退治の秘訣《ひけつ》」について教えていただければと思います。

源頼光　まあ、近づかなければ倒すこともできないからね。何らかの貢《みつ》ぎ物みたいなのを持っていくというスタイルを取ったのは、そう。

だから、酒とかも持っていって、「油断させる」ということはあったとは思うがな。そんなに強そうには見せないように努力してね。みんな弱々しい貴族の格好とかをいろいろしていって、酒を出して宴会《えんかい》をやらせてね、そして、「突如《とつじょ》、豹変《ひょうへん》する」というスタイルだわな。

ある程度、酒を飲ませて泥酔《でいすい》させて、まあ、言葉は悪いが、それは「寝込《ねこ》みを襲《おそ》う」というあれだわな。だから、「夜中に〝変身〟して、隠《かく》していた武器等を取り出して〝片付ける〟」というスタイルにはなったわな。

何度も正規軍で攻《せ》めていって手を焼いて、うまくいかなかった相手なんでね。当時としての、ある程度の「計略」は使ったということは、あるだろうと思いますね。うん。

雷《かみなり》に縁《えん》がある、源頼光の「法力《ほうりき》」の秘密

神武　鬼退治の際に、そういった「計略」だけではなく、おそらく「法力《ほうりき》」も使われたのではないかと思います。

源頼光　うん、うん。

神武　以前、源頼光様の霊言《れいげん》を賜《たまわ》ったときに（本書第2章参照）、「電撃一閃《でんげきいっせん》」もお使いになるとお伺いしました。源頼光様が鬼退治の際に使われた「法力」の秘密について、お伺いできればと思います。

源頼光　うーん……。まあ、私は、「雷《かみなり》」はちょっと縁《えん》があるので、使えることは多いんですけどね。

でも、そうですね……。まあ、「電気ショック」みたいなものかもしれないけれども。現代であれば、「電気ショック」「電気的なもの」かもしれないが。

あのねえ、「電気的な痺《しび》れる閃光《せんこう》」というか、「煌《きら》めくようなもの」を使うと、〝人体に憑依《ひょうい》しているもの〟が離《はな》れるんでね、ショックでね。だから、そういう意味で使いやすいし、宇宙から来ている者も、それをよく使ってはいるようであるけれども。

いや、私も、それから陰陽師《おんみょうじ》のほうの賀茂《かも》家もよくやるんだけど、「雷電《らいでん》」を使うんですよね。今は、それを自由に使える人はあんまりいないかもしれないけれども、「雷」というのは、当時も恐《おそ》れられていたものではある。

まあ、これまた、「雷神」というのがいることになってはいるんだけれども、「雷神も駆使《くし》できた」ということはありえる。

だから、今、「自然現象」とだけ思われていると思うけれども、現実には、「法力」というか、そういう力を持った人はいることはいるので。僧侶《そうりょ》とかでも「雨降らしの術」を使う者もいるけれども、雷だって落とせる力はありますわね。

だから、「雨乞《あまご》い」で競争して実際に雨を降らせたのは、弘法大師空海《こうぼうだいしくうかい》等が京都の神泉苑《しんせんえん》で雨を降らせたものが遺っているし。私よりは、ちょっとあとになるけれども、日蓮《にちれん》なども雨を降らせた祈禱《きとう》の話が遺っていますね。

雨を降らすときには、同時に雷が落ちますのでね。まあ、そういうことを祈願して、「雨を降らせ、風を吹《ふ》かせ、雷電を落とす」というようなことができれば、かなりの威神力《いじんりき》に見えたでしょうね。だから、おそらくそういうことは起こせたと思います。

まあ、自然のいろんな行為《こうい》にも、ある種の〝小さな神〟というか、霊的存在はついているものだと、われわれはみんな信じていたものなので、「そういうものに命じて起こさせる」という力を持っておれば、そういうことは起きた。

特に、雷の部分は、当時としては、ちょっと理解ができないものもあったけど、もしかすると、「宇宙からの協力者」もいたかもしれない。それは、われわれには、当時はよくは分からなかったけれども、いた可能性はあるとは思っていますね。

今だと「ビーム」みたいなものですか。何か電撃的な攻撃《こうげき》があると思いますけど、それは「レーザービーム」みたいなものですか。そういうものを持っていたのも、一部加わっていたのかもしれないと思うけど、認識としては、「雷」としか認識はできなかったんでね。

今は、宇宙の守護神たちが来て、あなたがたをお護《まも》りしている。仕事としては、私も、こういう方とも話をすることはあるんですけれども、似たようなところはちょっとあるのかなあと。ちょうど、私たちが、藤原道長《ふじわらのみちなが》さんとかを護っていた感じによく似たものを感じますね、いろんなものが攻めてくるんでね。

「空を飛んだ」と言われる役小角《えんのおづぬ》や久米仙人《くめのせんにん》

源頼光　当時は、ある意味で、善悪を別にしつつも、「超能力《ちょうのうりょく》・霊能力」を持っている者はけっこういたし、「呪力《じゅりょく》」を持っている者が多くて、まあ、「マントラ（真言《しんごん》）」というか、そういう「陀羅尼《だらに》」を唱えて呪力を発揮する者はいたし。私以前にも、もう修験道《しゅげんどう》等はあるので、これでも、そうとう念力《ねんりき》を持った者はいたと思います。

先ほど、「アベンジャーズ」とか言っていたけれども。今は、そういうスーパーマン風の人たちの戦いが超能力を通じてやられているけれども、ある意味で、そういう超能力的なものも、あったと言えばあったということは言えますね。

私以前の時代も、またこれは一度、お調べになるべきだとは思うけれども、やっぱり、〝空を飛ぶ仙人《せんにん》〟とかは出てきておりますので。

例えば、●役小角《えんのおづぬ》も、「富士山の火口あたりまで、空を飛んで帰ってきたりしている」というのは、歴史に遺っておりますしね。

その弟子《でし》である、久米寺《くめでら》をつくった久米《くめの》仙人も、空を飛んでいたことは記録で遺っていますよね。久米仙人がつくった久米寺に秘蔵されていた『大日経《だいにちきょう》』を、弘法大師空海が入唐《にっとう》前に久米寺に入って読んだりしていますね。

久米仙人は役小角の弟子だけど、空を飛べて、空を飛んでいたけれども、小

●役小角（634～706）　飛鳥時代の呪術者。修験道《しゅげんどう》の開祖。

川で何かを洗っている若い女の白い脛《すね》を見て、急に心が乱れて、空から墜落《ついらく》して落ちたという話まで遺っているので（笑）。

まあ、このへんが、本当に人間として〝飛行術〟を身につけていたのか、それとも、宇宙的な存在として、そういうものがあったのか、現代で言われている「フライング・ヒューマノイド」みたいなものが本当にありえたのか、ちょっと分かりかねるところはあるんですが。

私は空を飛ぶところまでは行かなかったので、ちょっとよくは分からないんですが、映画なんかで描《えが》かれているようないろんな超能力は、すでに出てきてはいるので、そのへんは、もうちょっと調べなければいけないところではありましょうね。

世界各地に存在した「人肉を食べる種族」

源頼光　鬼なんかは特に、本当に「残忍《ざんにん》さ」がすごくてですね、やっぱり、「人肉を食べる」ところですね。人を殺して食べるという。

まあ、ほかの動物を食べるのなら、まだ分かるんですが。迷信《めいしん》深い時代は、動物も食べないことも多かったようですけれども。生きている人間を殺して食べるというようなのは、これは、ほかのところの宗教でもあることはあることですけれども、実際はそうとう残忍さがありますわね。

ああ、現代では映画なんかでも、「東京喰種《トーキョーグール》」とかそういうので、「人肉を食べる種族」「人肉しか食べられない種族」というのが出てきていますけれども、いや、あれは〝鬼の一種〟ですよね。だから、人肉を食べる種族はやっぱりいたし、これは南方のほうにもいたし、ほかの国にもいましたので。

普通《ふつう》は、人間としての自覚が強いと、特に、「神がつくられた人間」という自覚が強いと、同胞《どうほう》を食べることはできないんですけれども、「人肉を食べることによって、アニマというか、そういう霊力も宿る」という考えもあるんですよね。だから、南の島では、「強い酋長《しゅうちょう》を倒して、それを食べたら、その霊力が移る」という考えがあるし。

それは、日本にもあったことは明らかで、日本武尊《やまとたけるのみこと》なんかが、天皇に命じられて地方を巡業《じゅんぎょう》しているときに、豪族《ごうぞく》等を倒したりしていますが、そのときにはどうも、アニマを奪《うば》って吸い取っているようなところが、どうしてもあるので。

例えば、熊襲建《くまそたける》を倒して、向こうからは、「タケル」という名前を献上《けんじょう》されて、「ヤマトタケル」と名乗るようになったりしています。

まあ、はっきりとは描かれてはいないけれども、うーん……、「人肉を食べてアニマを移す儀式《ぎしき》」は、日本にもあったのではないかと思われますね。

こういうものがだんだん消えてきたのは、仏教なんかの力が強いと思います。仏教の「転生輪廻《てんしょうりんね》の思想」とか「因果応報《いんがおうほう》の思想」とか、こういうものが入ってきて、そういうものを戒《いまし》める考えが強くなったのではないか。

それまでは、けっこう、「敵を倒して食べる」みたいなことは、いろんな国で現実に行われていたことだろうし。そういうことをやった者は、やっぱり〝鬼変換《へんかん》〟していって、霊界《れいかい》に還《かえ》れば、あなたがたが言うような「鬼の姿」になっていっただろうと思うし。

私たちの時代でもまだ、ちょっとね、そういう者はいたようには思う。もう少し前の「羅生門《らしょうもん》の鬼」とか、いろいろ話はありますけど、本当にドラキュラなんかのように、牙《きば》の生《は》えた人間みたいなのが人肉を貪《むさぼ》り食うというような……。これは、食料がない時代とかだったらありえることですのでね、あったのではないかというふうに思います。

戦国武将たちの念力《ねんりき》は「幽霊《ゆうれい》をすっ飛ばすような力」

神武　先ほど、「当時は、善悪を別にしつつも、呪力を持つ者、超能力を持つ者がいた」というお話があったと思うのですけれども、スーパーパワーを持つ者がスーパーパワーを正しく使うためには、仏教や高度な教えを学ぶことが大事であるということでしょうか。

源頼光　まあ、世の中を多少なりとも、道徳的で平和にするにはね。ただ、歴史的な戦国武将たちは、何千人も何万人もの人たちを殺している。

まあ、自分一人じゃないけどね。兵士を使って殺したりしているけど、そういうときには、そうとうな「霊力戦」はあったと思われるので。

実際に万の人を殺して、それがみんな霊になって、すぐに成仏《じょうぶつ》するはずもありませんので。そういう死んだばかりの恨《うら》みの霊たちは、自分らを倒した者のところには来るはずですよね。

その来るやつを振《ふ》り払《はら》うだけの、「ものすごい強い念力《ねんりき》」というか、あるいは、それは別のものに置き換《か》えれば、「天下統一の思い」とか「邪悪《じゃあく》なるものを倒す正義の思い」とか、まあ、そういうものもあるかもしれないけれども、「魔性《ましょう》のものを振りほどくだけの力」がないと、なかなか軍隊を率いて戦うことも簡単ではなかっただろうと思う。

だから、将たる者は、「そうとう強力な念力」は持っていたと思う。

現実に、そういう武家装束《しょうぞく》、武士の装束をしている者が、あなたがたと相対《あいたい》峙《じ》したら、「あまりに強い気迫《きはく》」というか、「鬼気迫《ききせま》る念力の強さ」には驚《おどろ》くばかりだと思います。現代人の念力は極《きわ》めて弱いですね、私たちから見れば。もっと強い、ものすごい強い気迫が出ていたと思います。「幽霊《ゆうれい》をすっ飛ばすような力」ですかね。そういうものは、そうとうあったと思いますね。

神武　ありがとうございます。

4 「天狗《てんぐ》・龍神《りゅうじん》・妖怪《ようかい》・妖魔《ようま》」の特徴《とくちょう》について

天狗には「他人《ひと》に対する愛」が徹底《てってい》的に足りない

神武　源頼光様は鬼《おに》退治で有名でいらっしゃいますけれども、本日は、「天《てん》狗《ぐ》・妖怪《ようかい》の対策」についてもお伺《うかが》いできればと思います。

当時、実際に、天狗や妖怪とも遭遇《そうぐう》されたり、退散させたりされたことはございましたでしょうか。

源頼光　うーん。「鬼」は、実際、まあ、現代で言ったら「強盗《ごうとう》殺人系統」ですよね。強盗殺人、放火というような、刑法犯《けいほうはん》で言えば〝重罪を犯《おか》すタイプ〟の人たちですね。あるいは、連続殺人みたいなのをやるような、こういうタイプの者ですよね。まあ、天狗は、必ずしもそういう者とは言えませんけれども。「天狗」というのは、〝自分がかわいい〟んですよ、要するに。人間の本性《ほんしょう》の一つではありますがね。自分がかわいいので、「あくまでも世の中を自分の思いのままにしたいし、人を従えたい」という気持ちがとても強いタイプが天狗で。このなかには、公家《くげ》に生まれて出世する人も、武士に生まれて出世する人も、いろんなタイプが存在はします。

天狗のなかで、「多少、かわいげのある陽気な天狗」もいるんだけれども、やっぱり、ちょっと「邪悪《じゃあく》なるものを考えるような者」もいることはいますのでね。このへんが難しいところですね。

でも、全体的に言えることは、基本は、「愛の思いが足りない」というのが徹底的《てってい》にありますね。「他人《ひと》に対する愛」というか、「優《やさ》しさ」というか、「慈悲《じひ》の心」というかね、こういうものが徹底的に足りなくて。やっぱり、「自分が天狗の鼻を伸《の》ばすためなら、何でもする」みたいなところがあって、自己中心的に全部考えていく。

先ほど言った鬼も、人を〝犠牲《ぎせい》〟にするんだけれども、まあ、同じ意味ではないかもしれないけれども、人を〝踏《ふ》み台〟にしてでも上がっていく。とにかく「上へ上へ」と上がっていく。

天狗は必ず高転びする

源頼光　まあ、現代も天狗は多いねえ。「名誉欲《めいよよく》、出世欲、権力欲の塊《かたまり》」だね。そのためなら何でもするし、「人の恩を忘れ、人を踏み台にして、あるいは利用するだけ利用して、それでも上がっていこうとするタイプの人」は、現代でもいっぱいいる。

そういう人のなかには、「仕事ができる」と判定されて、大金持ちになったり、地位を築くような人もいることはいる。戦争の時期なんかにも、天狗はたくさん出てくる。

あるときまで、要するに、「自分の法力《ほうりき》が尽《つ》きるまで」は勝ち続けることも可能だけれども、天狗の天狗たるところは、「必ず高転びする」というところで。要するに、「自分に甘《あま》いから、自分の隙《すき》が見えない」ので、その〝隙〟のところをどこかで攻撃《こうげき》されたり、落とし穴に落ちたり、罠《わな》にかけられたりして、必ず高転びする傾向《けいこう》はある。

高転びする原因は、慎重《しんちょう》さを欠くからであって、結果を急ぐわけですね。「早く結果を手に入れたい。自己実現したい。そのプロセスを省いて一気に結果を手に入れたい」という気持ちがとても強いのが、この天狗の特徴《とくちょう》で、だからこそ、高転びするわけですね。

堅実《けんじつ》であればそうならないものが、「一気に、棚《たな》ぼた式に手に入れたい」とか……。例えば、「隣《となり》の人がお金を貯《た》め込《こ》んでいる。ちょっと親戚《しんせき》のところへ遊びに行くらしい」と。それで、家が空《から》になったら、すぐに入って金目のものだって盗《と》りたくなる。

まあ、「結果を早くしたいのは、天狗の特徴の一つ」ですね。鬼とも一部重なるところはあるかもしれませんがね。

まあ、戦乱期には特に多いし、平和時であれば、やっぱり、ちょっと「破天《はてん》荒《こう》なことを起こす人」が多いですね。

龍神の役割とパワーについて

源頼光　似たようなものに「龍神」もいるんだけど、そうですね、龍神のほうは、どちらかというと暴《あば》れる。「暴れて、世の中を目茶苦茶《めちゃくちゃ》にする」というか。

まあ、いい龍神なら、「創造的破壊《はかい》」という、「壊《こわ》すことで新しく建て替《か》える」という役割を持っているものもあるとは思うけれども、「目にものを見せる」みたいなことが好きなのが、まあ、どちらかといえば龍神。

で、「パワー」ですね。そういう「龍神パワー」のなかには、先ほど言ったような自然界の原理を破るものも

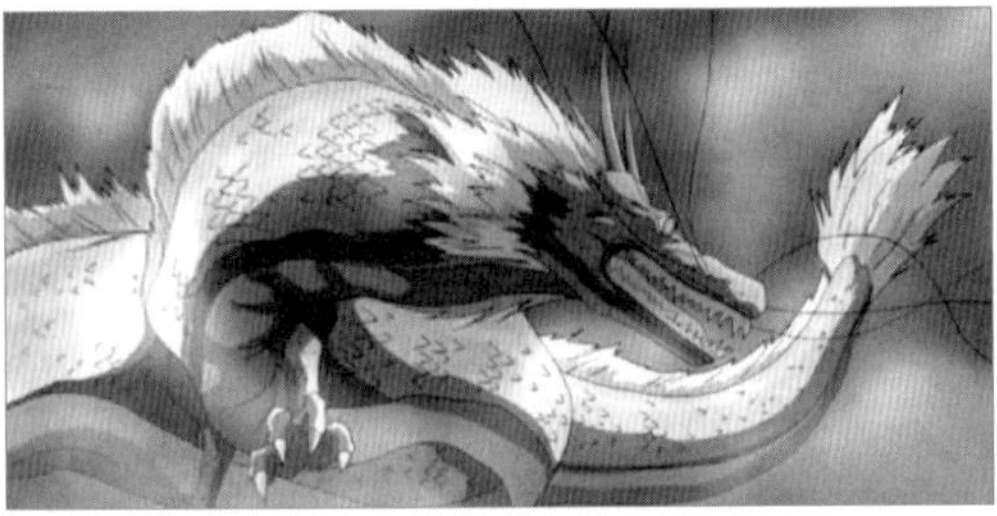

映画「黄金の法」(製作総指揮・大川隆法、2003年公開)に出てくる龍神。

一部あるので、台風、洪水《こうずい》、津波《つなみ》、竜巻《たつまき》、こういうものにも龍神がかかわっていることは多いですね。

この龍神にも、種類が多少はあるので。まあ、幾《いく》つか、武士的な戦い方をするものもあれば、お金をやたら護《まも》って戦うような、金龍《こんりゅう》、金龍《きんりゅう》みたいなものもいる。

「金龍」とか、「黒龍《こくりゅう》」とか、「青龍《せいりゅう》」とか、「白龍《はくりゅう》」とか、いっぱいいるようですが、私は細《こま》かい区別はちょっとよくは分からないのですが、それぞれに何か意味合いはあるようですね。

黒龍というのは、おそらく、ちょっと悪質な感じのものの使いだと思いますがね。悪魔《あくま》的な使いだと思いますが。

白龍というのは、逆に、やや天使的なものの、まあ、戦車というか、そういう攻撃の武器になるようなものかなと思うんですけれどもね。

青龍というのは、おそらくは、戦《いくさ》に直《ちょく》に関係があるようなものが多いんじゃないかと思いますね。

まあ、こういう龍神もある。

天狗の特徴《とくちょう》は、昔話で言われているとおり

源頼光　天狗にも種類は幾つかありますが、昔話で言われていることは、ほとんど当たっています。

「一本歯《いっぽんば》の下駄《げた》」で歩いていて、「上《のぼ》りには強いけど、下《くだ》りには弱い。転んでしまう」というのは、山伏《やまぶし》の変化形だろうと思いますがね。

それから、「八手《やつで》の葉っぱ」を持っていると言われているけれども、これは「風」ですね。〝勢い〟を起こすのが大好きなので。

特に、会社を急成長させたり、営業なんかで急にすごい数字を出したり、まあ、そういうことをするときに風を吹《ふ》かす。勢いが好きな人はいますね。それが八手の葉っぱ。霊的《れいてき》に見れば、そういうようなものを持っている。

それから、やっぱり、「鼻が伸びてくる」と言われていますけれども、これは実際に見ていて、多少、霊的に感覚があると、この鼻がどんどん伸びてくる感じというの？　自慢《じまん》する人は上を向きますので、鼻が上に向いてきますけれども、本当にだんだん伸びてくる。

鼻が高すぎたら、今度は不自由して、いろんなものに当たって動けない。要

山伏の格好で八手の団扇《うちわ》を持ち、高下駄を履いた天狗のイメージ。

するに、自慢しすぎて、もう身動きが取れなくなる。自慢以外はしたくないわけだから。だから、反省もできなければ、自分を縮めることもできないし、鼻が邪魔になって、自慢が邪魔になって、行動の自由性が奪《うば》われることはある。「下りには弱い」。要するに、自分が縮小したり、地位が下がったり、名誉が失われたりすると、もう「天狗は天狗でなくなる」ということで、すごい暴れ方をしながら転げ落ちていくことが多いですね。

あとは、天狗も「空中飛行」することになっているので。おそらく、霊体《れいたい》として移動するようなことも多いのかなとは思うんですが。

また、「遠眼鏡《とおめがね》」を持っているということで、「千里眼《せんりがん》」ですね、「遠隔透視《えんかくとうし》」ができる。遠くにいる人の気持ちなんかも、よく分かるというようなところはあるらしい。

要するに、〝出世筋《すじ》〟〝金儲《かねもう》け筋〟の話等に勘《かん》づくのが早いというね。今で言えば、新聞の記事の何かの一行を読んでも、コラムを読んでも、「あっ、これは儲けの筋だ」とか、「ああ、これは勝ち筋だ」とか、ニュースの一部を聞いても、週刊誌の一部を見ても、そういうのを感じ取ったりする嗅覚《きゅうかく》は、とても鋭《するど》いですね。

あと、「烏帽子《えぼし》等をかぶっている姿」がよく描《えが》かれているのは、これは、もうほとんど、役小角《えんのおづぬ》以下の修験道《しゅげんどう》をやった人が多いということです。特に、奈《な》良《ら》の生駒山《いこまさん》系、それから出羽山《でわさん》系の天狗、まあ、ほかにも幾つかいますけれども、けっこう多いですよね。だから、天狗は、やっぱり山に関係していることが多い。

もう一つ、海に関係しているものには、「竜宮界《りゅうぐうかい》」というようなものが存在していて、まあ、龍神も一部関係はあるけれども、竜宮の住人もいるしね。

人を脅《おど》かすが、「生産性がない」のが妖怪の特徴《とくちょう》

源頼光　「妖怪《ようかい》」になると、これは種類が多いので、ちょっと、私も全部は分かりかねるが、まあ、〝人間の持っているおかしな癖《くせ》〟を集めりゃ、全部妖怪ですよ。妖怪の、その性質の一部。それぞれ持っているでしょう？

（質問者に）あなただって、なんか持っているでしょう？

まあ、「バナナが食べたい」というだけでは妖怪ではないかもしれないけれども、バナナを食べたら、必ず「バナナの皮を道路に置いて人を滑《すべ》らせたい」とか思うようになったら、これは妖怪の一部と考えていいでしょうね。

それから、いたずら好きなので、電気を点《つ》けたり消したりもすれば、やっぱり、物を落としたり、音を立てたり。いろいろと「ポルターガイスト」といわ

れているもののなかには、妖怪の仕業《しわざ》はけっこう多いですね。力はそう大きくはないんですけれども、人を脅《おど》かすのがとても好きですねえ。

今は、妖怪は図鑑《ずかん》とかでいろいろ描《か》かれているだろうから、ほかのものもいっぱいあるので、私も全部は知りかねますが。おそらく、妖怪のなかには、『物念《ぶつねん》』というものが妖怪になったもの」もあるとは思われるんですね。つくられて百年を超《こ》えた物なんかには、「魂《たましい》が宿る」と言われているものがよくあるので。新しいものはあれですが、古いものになると、「その物自体に魂が宿る」と言われている。

例えば、普通《ふつう》の木なんかは別に何も感じませんけれども、神社の御神木《ごしんぼく》みたいに、もう何百年とたっているようなものになってくると、「御神木を切ったりしたら祟《たた》りが起きる」とか、「御神木におしっこをかけたら祟りが起きる」とか、そんなことはありますよね。

あるいは、地蔵さんみたいなものでも、つくられて百年もたつと、「何らかの霊的なものが宿っている」というようなことはある。

まあ、そういうのは、古道具屋なんかにはよくあるものだと思うけど、「付《つく》喪神《もがみ》」みたいなもので、そういう古いもののなかには、ちょっと何かが宿っていることが多い。

実際は霊的なものがいっぱいあるので。自分と何か同通するようなもので、物に取り憑《つ》いているものがあって、そういうものを家のなかへ運び込んできたりすると、夜中に出てきては、何か驚《おどろ》かすようなことをしたりすることもありますね。

妖怪の仕事の特徴《とくちょう》としては、「基本的に生産性はない」んですよ。だから、何もプラスは生まない。人を脅かしたり、邪魔したり、堂々巡《どうどうめぐ》りさせたり、疲《つか》れさせたりすることはあるのですが、「生産性がない」というのが、もう決定

●付喪神　長い年月、100年を経《へ》た古い道具等に宿る精霊のこと。化けたり、人に害をなしたりすると言われる。「九十九神《つくもがみ》」と記されることもある。

的な妖怪の特徴なんです。

「手間はかかる。人は脅かす。周りに迷惑《めいわく》をかける。しかし、人類の進歩にはまったく役に立たない」。これが妖怪の妖怪たるゆえんで。

まあ、妖怪全部は知らないけど……。妖怪小豆《あずき》洗いが何をしたかって、まあ、それは「小豆を洗うことは進歩的か」ということもあるけれども、「小豆を洗うだけじゃなくて、ちゃんと赤飯《せきはん》を炊《た》け」と言いたいわけであって。小豆を洗ってジャラジャラいって人を脅かすとか、そんなのだけではおかしいし。

一反木綿《いったんもめん》みたいなものも、言うことはあるけれども、特に何にも仕事をしているとは思えない。

妖怪として、あとは、狐《きつね》・狸《たぬき》が化《ば》けたようなものもあるから、そのへんについて、全部は私も解明はできませんけれども。

たいてい、人を惑《まど》わかすだけでしょ？　たいていね。惑わかして何かするけれども、何も生んでいませんよね？　生産性はない。これが妖怪の特徴です。

妖魔は「自己愛の塊《かたまり》」

武田　「妖魔」についてはご存じですか。

源頼光　あっ、「妖魔」はね、たまに対決することがありますね。

　妖魔はね、そういう妖怪的特徴を持ちつつも、明らかに目的性を持って、「破壊・崩壊《ほうかい》」を狙《ねら》っている。だから、妖魔は、必ず「人の破滅《はめつ》」を狙っていることが、やっぱり基本的。基本は「破滅」ですね。

　だから、破滅を狙うのは何かということですけれども、妖魔の妖魔たるところは、その破滅とねえ……、単に、その攻撃的な鬼みたいなものではないんですよ。そういうものじゃなくて、「誘惑《ゆうわく》、妖艶《ようえん》さ、自分に対する愛や尊敬、ほめ言葉、持ち上げること」、こういうものを求めているんですよ。

だから、妖魔の特徴は、これもまた「自己愛の塊《かたまり》」なんですよ。その意味で、天狗と似ているんですけれどもね。わりに〝親戚関係〟にはあるのですが、自己愛なんです。妖魔というのは、必ず自己愛で。

たいてい、女性なら「美貌《びぼう》」とかもあるし、男性なら「うぬぼれる材料」を何か持っているようなことがある。例えば、「勉強ができる」なんていうのだってねえ、こういう自己愛の塊、いっぱいいますから、気をつけたほうがいいですよ。

まあ、大学でも、東大だ、早稲田《わせだ》だ、慶應《けいおう》だ、その他いっぱいあると思うけれども、あるいは、ハーバードだとか、プリンストンだ、イェールだ、まあ、言っているけれども、「自己愛の塊の人間」をたくさん〝製造〟していると思うんですよ。
慶應なんかでも、「自己愛の塊の人」はいっぱいいるでしょ？

武田　そうですね。

源頼光　ねえ？　もう、〝貴族〟だと思っているでしょ？

武田　そんな感じの人はいますね。

源頼光　だから、慶應大学を卒業する人は〝貴族〟だ……、あっ、（質問者の）二人ともそうか。
貴族だと思っている。「現代の貴族だ」と思っているのが慶應で、「早稲田は田んぼの草でも取っていろ」というような感じで見下して、「慶應は貴族だ」と思っているような人がいるよね。

東大を出ている人は、これはこれでまた、「自分らは、もう生まれつきの〝統治階級〟であって、人に命令して使うのが仕事で、働かなくても食っていける階級だ」と思っているような人がいっぱいおりますね。

早稲田も、最近はちょっと、その〝田舎性《いなか》〟から脱皮《だっぴ》して少しエリートが出てきてはいるけれども、ややプライドに欠けるものがあって、天狗になりにくい。鼻がちょっと欠けているところがあるので、早稲田の天狗はやや少ない。

まあ、天狗は、東大・慶應系のほうが、やっぱり数としては多いような気がするね。

またねえ、その下の灘《なだ》だとか開成《かいせい》だとか麻布《あざぶ》だとかいうような、ああいう有名中・高みたいなものは、〝天狗〟をそうとう増産していますし、〝龍神〟もいるし、一部〝妖怪〟もいるし。まあ、真っ当な人間は一割ぐらいかな。人間として、「ある種のプレスがかかって、型が変形したもの」が、ちょっと特殊《とくしゅ》なものに変わるんですね。だから、そのすごい特殊なもの？　普通の人間の形から、特殊な圧力をかけられて変形したものが、今言ったような、さまざまな、鬼だ、天狗だ、妖怪だ、妖魔だ、こういうものにいっぱい変わっていって、その種類がまた分かれていくんですね。

妖魔に女性が多いのはなぜか

源頼光　妖魔は、だいたい「自己愛」はある。だから、女性が多いことは多いんです。比較《ひかく》的、女性のほうが多いんだけれども、女性は、やっぱり、この「性的魅力《みりょく》」がないと、なかなか男を惹《ひ》きつけることができないので。これは〝神様のいたずら〟と言えばいたずらなんだけれども、しかし、子孫《しそん》を残すために、しかたなくそういうものをつくっているので。

だから、生まれつき、何て言うか、本来の女性であれば、法力を一つだけもらうとすれば〝ハニートラップの法力〟を持っていなければいけないわけですよ。〝甘い蜜《みつ》の香《かお》りと味〟を持っていて、蜂《はち》とかを吸い寄せてくるような、ああいうものですね。〝甘い香りと蜜〟を持っていなければいけないんだけれども、現代はそれを失った女性が数多くなってきているので。男性と競争しすぎているために、ちょっと落ちていますが。まあ、お化粧《けしょう》なんかをするのも、その傾向の一つではありますけれどもね。

妖魔は、やっぱり、そういう自己愛がありますし、男性と比べれば女性のほうが、どちらかといえば、「愛されたい」という気持ち、自己愛の気持ちがとても強い。「人からもらいたい」という気持ちが強くて。

男性でそういう自己愛を持っているタイプの人は、どちらかというと、ちょっと「女性的な面がある人」が多いと思います。男でも、色男なんかは、ちょっと女性に生まれてもいいような外見をしたり、身だしなみに気をつけるタイプとか、そういうタイプのほうが多いような気がする。

妖魔は自分を見破る者に〝小悪魔的な手段〟で復讐《ふくしゅう》する

源頼光　妖魔は、その自己愛を求めて、人からの称賛《しょうさん》とか、ほめ言葉を求めるけれども、「それを拒否《きょひ》された場合や、願いが叶《かな》わなかった場合は、相手に取り入って崩壊させる、破壊する」という傾向があります。
非常に、ある意味で〝小悪魔的〟なんですが。小悪魔的だけれども、その小悪魔性は、ある意味では〝女らしい〟んですよ。とっても女らしいんですよ。女性の最たるもの？

だから、日本女性の最も伝統的な教育の仕方というのは、そういう「妖魔にならないような女性にする躾《しつけ》」をきっちりやっていたんですね。きっちりと夫を立てて、慎《つつ》ましく、礼儀《れいぎ》正しくやる。それは、天照大神《あまてらすおおみかみ》以下、こういう「日本の女性神の考え」が入っているからなんです。妖魔は、大陸から入ってきているものが多いと思うんですけれども。

だから、自分の自己実現が叶わなかった場合、天狗みたいに自滅するのではなくて……。天狗は、自己実現が叶わないと自滅して転げ落ちるんですが、あるいは平清盛《たいらのきよもり》みたいに、天下を取ったかと思えば、高熱を発して狂《くる》い死ぬみたいな、こんなふうになるのが天狗なんですけれども。

妖魔の場合は、自分を見破ったり、あるいは、自分の、そのハニートラップを見破ったり、自分の色気《いろけ》とか嘘《うそ》とか、いろいろなもので人を引っ掛《か》けようとしているものを見破る者に対して、「復讐《ふくしゅう》」をするのが妖魔の特徴で。

そのときに、すごく〝小悪魔的な手段〟を使います。それが、ある意味で、女性的にすごくなまめかしく見えることもあるんだけれども。生まれ持っての〝策略家〟ですね。「どうすれば自分が魅力的に見えるか、どうすれば男の気を引けるか」みたいなことを、とてもよく知っている。

だから、本当に、本命の男を落とそうとしたら、「好きだ」と言われても、「はい、そうですか」とは、まずは言わないで、自分の値段をつり上げていくように、一生懸命《いっしょうけんめい》追わせる。男に追わせるんですね。追わせて追わせて、もう本当に〝褌《ふんどし》一つ〟にするぐらいまで全部巻き上げていくのが、妖魔の特徴です。こういうことをします。要するに、自分に対して「奉仕《ほうし》」させる。

男性にもそういうのがいるんですよ。男性にも、「追いかけていって、向こうが振《ふ》り向いたら捨てるタイプの男性」がいると思うんですけれども、妖魔性が強い男性だと思います。そういうのはあると思いますが。

要するに、とにかく、神仏の「純粋《じゅんすい》な愛」とか「慈悲」とかいうものが分からない人たちで、〝逆回転〟していく人たちですね。

だから、自分自身の自己愛がものすごく強いので、結局、「自分が神仏になり代わる」わけですね。天狗とか妖魔とかは、「自分を神仏として崇《あが》めさせようとする傾向」が強くて、そして、気に入らないと罰《ばち》を与《あた》えるみたいに、相手に復讐したり、相手を陥《おとし》れたりすることが多い。

女性のなかで、「これは妖魔だ」と思う相手がいたら、それは、やっぱり、本当にお札《ふだ》を貼《は》りたくなる気持ち、神社仏閣《ぶっかく》に行きたくなる気持ちは分かる。天上界《てんじょうかい》の、もう一段、法力のある方のご加護《かご》をもらわないと、護り切れないで攻《せ》め滅《ほろ》ぼされるのが普通だと思います。

武田　非常に詳《くわ》しくお話しいただきまして、本当にありがとうございます。

5　源頼光の魂《たましい》の秘密に迫《せま》る

「正義」にかかわる源頼光の転生《てんしょう》とは

武田　そろそろお時間となるのですけれども、ぜひ、お伺《うかが》いしたいのが、頼光様の転生《てんしょう》についてです。私たちに分かるような転生をご開示いただければ、たいへんありがたく思います。

源頼光　うーん……、まあ、江戸《えど》時代とかは生まれたことはある。うん。

武田　どのようなお立場で出られたのでしょうか。

源頼光　まあ、当時は「裁判」かな。うん。それみたいなのをしていた。

武田　裁判？　お白洲《しらす》で裁きを下すようなものでしょうか。

源頼光　うん、うん。だから、「正義の神」でもある。ある意味でね。「正義の神」でもあるので。ま、そういうのをしていたことはあるね。

武田　お名前は？

源頼光　うーん、知っているんじゃないかなあ、たぶんね。うん。

神武　ドラマなどに登場されたりしますか？

武田　大岡越前守《おおおかえちぜんのかみ》とか、そういう方ですか？

源頼光　うんうん、うんうん、まあね。

武田　あっ！　そうなんですか。

源頼光　まあ、そんなような仕事をやっておりますが。
古くはあれですよ、最高裁なんかに入ったら像が建っていると思いますけれども ね。

●大岡越前守（1677～1752）　江戸時代の幕臣である大岡忠相《ただすけ》のこと。8代将軍・徳川吉宗《よしむね》によって江戸町奉行《まちぶぎょう》（司法や警察を司《つかさど》る役職）に登用された。公正な裁判や町火消《まちびけし》の結成に尽力するなど名奉行として知られ、たびたび時代劇等の題材となっている。

武田　なるほど。

源頼光　この、何か、秤《はかり》みたいなの？

「正義の秤」みたいな……。

武田　そうですか。

神武　目隠《めかく》ししている像でしょうか。

源頼光　ハハ。（手を前に突《つ》き出して）こうやってして（笑）、量っているのがあると思いますけれども。まあ、古代の話ですけれどもねえ。

●像が建っている……　天秤《てんびん》と剣を持つ「女神像」は、「正義」や「司法・裁判の公正さ」等を象徴している。ギリシャ神話の法の女神「テミス」（天の神ウラノスと大地の女神ガイアの娘）や、ローマ神話の正義の女神「ユースティティア」（ジャスティス〔正義〕の語源）の名を付けられることもある。

源頼光と霊界《れいかい》で縁《えん》がある人とは

武田　霊界《れいかい》では、どういった方々とご縁《えん》が深いのでしょうか。

源頼光　それは、ちょっと仕事的にやや特殊《とくしゅ》だから、普通《ふつう》の如来《にょらい》・菩薩《ぼさつ》系とは若干違《じゃっかんちが》うかもしれない。

武田　そうなんですね。

源頼光　「特命」だね。特命のあれなので。
まあ、霊界で言うと誰《だれ》……？　どういう人になるのかなあ……。霊界で言うと、もちろん坂田金時《さかたのきんとき》とか、そういうようなのも仲間ではありますけれども、まあ、霊界で言うと……、うーん……。

いやあ、でも、珍《めずら》しいんですよ、こういう「混濁《こんだく》の世の中にあって、正義を立てようとする」というのは珍しいタイプなので。そんなに数がいるとは思えないんですけれども。

そうですねえ……、あとはどんな人が……。

まあ、子分はいっぱいいることはいるんですけれども。うーん……、そうですね、確かに、子分系統から、裁判官とか、まあね、検察官とか、警察官も含《ふく》めて、まあ、軍人もいるけど、そういうタイプの人はだいぶいるので。

それは、あの世では、先ほど言っていたような「閻魔《えんま》大王」みたいな仕事？　まあ、そっくりじゃないですか。裁判官なんかも〝黒い服〟を着てやっていますけれども、あれは閻魔大王に、そのまま転生、〝転職〟可能ですよね。

だけど、検察官みたいなのもいるし、警察官、それから、保安官、場合によっては、それは軍人にもそういう人はいますから。

そうですね、仲間として見たら、やっぱり……、まあ、歴史的に見て、「正義の戦い」と思われるようなものをしたような人が仲間になるのかなあ。

だから、どちらかといえば、「軍人」「警察」「裁判官」「検事」、あるいは……。そうだね、まあ、そんなようなタイプの人なんかに近い職業なのかなあとは思いますけどね。それで言うと……。

でも、まあ、そういう立場の人って、いつの時代もいることはいるでしょう？　たぶんね。

武田　そうですね。

源頼光　ええ、たぶん。

だから、まあ、国王になったりとかは、そんなにはしないんですけどね。国王になったりは、そんなにしたりはしないし、偉《えら》い僧侶《そうりょ》になったりするようなことも、そんなにはないんですけれども。

やっぱり、「実際に、実戦のなかで敵を峻別《しゅんべつ》して正義を回復する」みたいな仕事が多いことは多いので。

歴史的には、まあ、仲間はいますが、あなたがたにパッと思い浮《う》かぶようなのは、たぶん、国王とか、天皇とか、そんなような方々が多かろうから。まあ、そういうのではないし、名僧・高僧というような感じでも、必ずしもないので。

まあ、でも、「乱世の英雄《えいゆう》」みたいなのだったら、少し存在するかなあ。

いやあ、劉備玄徳《りゅうびげんとく》さんなんかも大好きです。本当に、ええ。

●劉備玄徳（161～223）　中国・後漢末期から三国時代の武将、蜀漢の初代皇帝。大川紫央総裁補佐の過去世の１人とされる。

武田　大好きなんですね。

源頼光　大好きですねえ。やっぱり、麻《あさ》のように乱れた国を立て直そうとして、「正義」を立てようとして頑張《がんば》っておられたので、まあ、大好きは大好きですねえ。

あとは……、仲間だったら、例えば、（聴聞《ちょうもん》席の酒井太守《さかいたいしゅ》・幸福の科学宗務《しゅうむ》本部担当理事長特別補佐《ほさ》のほうを指さしながら）あの酒井さんみたいな、あんなタイプも仲間じゃないかなあと思いますね。

武田　霊界で、でしょうか。

源頼光　ああ、霊界でねえ、〝お仲間〟じゃないかと思う。

武田　なるほど。

源頼光　ねえ？　友達ができないタイプね。友達ができないで、「見つかったらやっつけられるから、気をつけたほうがいい」って、みんな……。

職業を訊《き》いて、「検察官です」とかきたら、みんな逃《に》げるでしょう？　「警察署長です」って、まあまあ、ちょっと、やっぱり遠ざかるでしょ？　まあ、ちょっとね。「裁判官です」って、「ああっ、そんなに楽しく付き合いたいわけでもありませんで」という感じになるでしょ？　まあ、ちょっと……。

武田　「正義の神々」なんですね？

源頼光　そうそう、そうそうそう。だから、そんな感じ。

武田　なるほど。

源頼光　ペニシリンみたいな感じ。〝人間ペニシリン〟。

武田　（笑）

源頼光は〝天上界《てんじょうかい》の特別検察官〟のようなもの

武田　頼光様が信仰《しんこう》される神様や、霊流《れいりゅう》を引いてくる先というのは、どのようなな方々になるのでしょうか。

源頼光　そうですねえ。だから、うーん……、まあ、ガイア様なんかは、そういうのに当たるんじゃないですかねえ。私らは眷属《けんぞく》だと思いますね。

武田　なるほど。

源頼光　だから、「賀茂《かも》家」だってつながっていますけどね。

武田　つながっているんですね？

源頼光　うん、みんなね、つながっていますけどね。陰陽師《おんみょうじ》なんかも、偉くならないんだけどね。だけど、

●ガイア　地球神エル・カンターレの本体意識が、約３億３千万年前に「アルファ」という名で初めて地上に下生《げしょう》した際、その伴侶であった女神。太古よりエル・カンターレの創造作用の一部を担う。現代に、大川隆法総裁の妻・大川紫央総裁補佐として転生《てんしょう》している。『太陽に恋をして―ガイアの霊言―』（大川隆法・大川紫央共著、幸福の科学出版刊）等参照。

仕事は重要なんですよ。

武田　なるほど。

源頼光　だから、大臣になったりはしないんですけれども。（藤原《ふじわらの》）道長《みちなが》みたいになったりとか、天皇になったりはしないんですけれども、この世の正邪《せいじゃ》にかかわる仕事をする傾向《けいこう》がありますね。

だから、この、何？　今日、言っている、「鬼《おに》、天狗《てんぐ》、妖怪《ようかい》、妖魔」、こういうものを見分けて、「これを滅《ほろ》ぼすべし」と分かるのが、まあ、私たちの持っている〝嗅覚《きゅうかく》〟なので。〝天上界《てんじょうかい》の特別検察官〟みたいなものかなあ。裁判官でもあるけれども。

武田　なるほど。非常に重要な役割を果たされているということですね。

源頼光　うん。あるいは、あなたがたが、来世《らいせ》、（あの世へ）還《かえ》って閻魔大王のお裁きを受けるときに、「これはまずいな。このままでは先は危ないな」と思ったら、「源頼光さん、ひとつ、よろしゅうお願いします。生前、お会いしたことがあります」というような感じで言ったら、ちょっとは口利《くちき》きはしてもいいけどね。ええ。

武田　そうですか。では、その際は、ぜひ、よろしくお願いいたします（笑）。

源頼光　ええ。はい。

まあ、そういう人もいるということです。

武田　はい。では、本日は、本当に数々の貴重なお話をありがとうございました。

源頼光　うん。はい。役に立てば。

武田　はい。ありがとうございます。

6　源頼光の霊言《れいげん》を終えて

大川隆法　（手を二回叩《たた》く）はい。

「法力《ほうりき》」に当たるのかどうかは分かりませんけれども、少しは「霊界《れいかい》の秘密」に迫《せま》れたのではないかという気がします。

まあ、ほかの人の話も聞かなければいけないとは思いますが、参考になることはあったのではないでしょうか。

武田　はい。ありがとうございました。

神武　ありがとうございました。

大川隆法　はい。

第2章　源頼光《みなもとのらいこう》の霊言《れいげん》

――鬼《おに》を成敗《せいばい》するヒーローの存在――

二〇一九年十一月二十二日　収録

徳島県・幸福の科学 聖地エル・カンターレ生誕館にて

質問者

大川紫央《おおかわしお》（幸福の科学総裁補佐《ほさ》）

［役職は収録時点のもの］

1　源頼光《みなもとのらいこう》が語る、鬼《おに》とヒーローの関係

鬼がいるからこそ「スーパーヒーロー」が出てくる

（編集注。背景に、大川隆法総裁の原曲「The《ザ》 Real《リアル》 Exorcist《エクソシスト》」がかかっている）

大川隆法　源頼光《みなもとのらいこう》、源頼光、源頼光、出れますか。

源頼光、出れますか。源頼光。

大江山《おおえやま》の酒呑童子《しゅてんどうじ》を退治した源頼光、源頼光、出てこれますか。

大江山の酒呑童子を退治した源頼光、出てきてくれますか。

●酒呑童子　平安時代、大江山を拠点として、京の町から貴族の若者や娘をさらい、都《みやこ》を恐怖に陥《おとしい》れたとされる鬼（盗賊）の頭目《とうもく》。大の酒好きであることから、家来たちから「酒呑童子」と呼ばれた。帝《みかど》の命《めい》を受けた源頼光と頼光四天王によって討伐された（本書第１章参照）。

（約五秒間の沈黙《ちんもく》）

源頼光　源頼光である！

大川紫央　こんにちは。

源頼光　うん。

大川紫央　平安時代に、大江山の酒呑童子を退治されたお一人である源頼光《みなもとのよりみつ》様。

源頼光　うん。

大川紫央　頼光《らいこう》様とも呼ばれている方でしょうか。

源頼光　うん。

大川紫央　最近、酒呑童子を連想させるような波動《はどう》の生霊《いきりょう》もよく来るのですが、「酒呑童子の弱点」は何でしょうか。

源頼光　「反社会性」だな。

だから、仲間がな、本当に、まあ、今で言えば非行の、暴走族の仲間のようなもので。そんなに増えはしないさ、「反社会的団体」だからさ。

だって、悪さしかしないんだから。人殺し、盗《ぬす》み、かっぱらい、貢《みつ》ぎ物を取って。まあ、盗みと殺し中心だから、「犯罪者集団」だよな。

数は増えないんだよ、そんなにね。

大川紫央　はい。

源頼光　今は、大組織としては、暴力団もあるのかもしらんがな。まあ、残念ながら、世間《せけん》の人全部が、あちらに〝帰依《きえ》〟することはないのさ。

この世で、もう、食い扶持《ぶち》がなくて、コースから外れてな。すねて、世の中を逆恨《さかうら》みして、うまくいっているやつから金を盗《と》り、財産を盗り、傷つけ、殺し、そういうことをして、「天を恨んでいる者たちの集団」だな。

そういうものをつくりたがる人は、いつの時代もいるよ。

大川紫央　はい。

源頼光　「鬼《おに》」っていうのは、最後は退治されることになっているんだよ。
　鬼はね、やっぱり「ヒーロー」を呼び込《こ》んでしまうんだよ。鬼がいるからこそ、必ず「スーパーヒーロー」が出てくるのさ。

大川紫央　ヒーローが出てくるのですね。なるほど。

源頼光　鬼が出てくるから、人はね、「鬼を成敗《せいばい》できる人」を求めるようになるので。

大川紫央　あなた様の使命は、何だったのでしょうか。

源頼光　今で言えば、それは「ヒーロー」さ。昔はそれほど、現代ほど近代化した組織ではないけどな。

ただ、そういうところへ退治に行くっていうのは、そらあ、勇気が要《い》る物語だからね。桃太郎《ももたろう》ほど古くはないけど。

鬼《おに》が持っている癖《くせ》や特徴《とくちょう》とは

大川紫央　「鬼的な心《おにてきなこころ》」を持ってしまっている人から護《まも》るための、「結界《けっかい》をつくる方法」は、何かありますか。

源頼光　この「鬼」っていうのは、「人さらいの癖《くせ》」があるよね。

大川紫央　そうですね。

源頼光　それから、火をかけたり、財産を奪《うば》ったりする癖がある。それから、世間に唾《つば》を吐《は》く。そして、生贄《いけにえ》を閉《と》じ込めて、いじめる。もっとせびりに来る。まあ、こういうところを持っておるわな。

はっきり言えば、（幸福の科学の）教えと反対の「奪う愛型の人間」で、地獄《じごく》で言えば、それは「タコつぼ型の底なし地獄」だな。その表現だな、〝この世的な〟な。

人がいっぱいいるところで住めないので、人がいないところにいながら、人がいるところに出没《しゅつぼつ》して、さらっていくのさ。そして、悪を広めていく。

しかし、こういう者には、必ず「天敵」が出ることになっているんで。

大川紫央　なるほど。

源頼光　「英雄《えいゆう》」が出るので、必ず。それで苦労されていると思えば、英雄が出てくるから。

大川紫央　嵯峨《さが》天皇の子孫《しそん》のなかから、頼光様や、「頼光四天王」の一人の渡《わた》辺綱《なべのつな》などが出ているようです。また、四天王には、坂田金時《さかたのきんとき》、昔話で有名な金《きん》太郎《たろう》もいます。

源頼光　金時ね。それが、次の子孫で出てくると思うよ、そういう人たちが。

大川紫央　なるほど。

源頼光　ええ、きっと出てくるだろう。

宮中にいる鬼《おに》を封印《ふういん》するのは陰陽師《おんみょうじ》の仕事

源頼光　まあ……、だから、〝虎《とら》の威《い》〟を借らせないように、なかに入って、いつの間にか、こちらの「帝《みかど》の威光」とかを使えるような立場にさせないようにしなければいけないので。

大川紫央　そうですよね。

源頼光　それが夜な夜な出没してね、鬼《おに》になって町に出現するようなことがあってはならない。「宮中」から出てね。

大川紫央　「帝につながっているのに」ということですね？

源頼光　そうそう。〝安全地帯〟に実はいて、夜中に変装しては「人狩《ひとが》り」をするとかね。

大川紫央　帝につながっていながら、それをやっていると、周りの人から、「帝もそれを知っていて、やらせているのか」と思われてしまいますものね。

源頼光　そうそう。まあ、山のなかの洞窟《どうくつ》の鬼ならば、われら武将が攻《せ》めていってもいいけれども、宮中から出ていって、夜中に〝変身〟して強盗《ごうとう》を働くような者は、これはもう、「陰陽師《おんみょうじ》の世界」だよ。陰陽師がやらなくてはいけない。それは、「陰陽師が任される仕事」だから。

大川紫央　あっ、（陰陽師とあなた様は）同時代人ですね。

源頼光　そう。なかで、陰陽師が相手を見破って、「封印《ふういん》」しなければいけない。

大川紫央　権謀術数《けんぼうじゅっすう》をめぐらせて、自分のしたいことを達成するために帝の名を勝手に使って、みんなを従わせようとする場合とかは、容赦《ようしゃ》してはいけないですからね。

源頼光　うん。都《みやこ》の外側にいてね、山城《やましろ》でも何でもつくって抵抗《ていこう》、反抗しているなら、正規軍で戦えるけどね。なかにいて、それが〝変身〟して出没して、悪さを広めているようなら、これは「陰陽師の仕事」で。

大川紫央　なるほど。

源頼光　やっぱり、これは陰陽師の「法力《ほうりき》」「霊力《れいりょく》」が必要なあれだね。

これはもう……、あれでいけるんじゃないかね。陰陽師の、ねえ？　光栄《みつよし》、●賀茂《かもの》光栄先生で十分に縛《しば》れる

●賀茂光栄（939～1015）　平安時代の陰陽師。大川紫央総裁補佐の過去世の1人とされる。『日本を救う陰陽師パワー――公開霊言　安倍晴明《あべのせいめい》・賀茂光栄――』（幸福の科学出版刊）参照。

んじゃないかな。

大川紫央　頑張《がんば》ります。

2 「霊界《れいかい》SAT《サット》」の使命を持つ源頼光

源頼光は「電撃一閃《でんげきいっせん》」系の力を持つ

大川紫央　頼光様が祀《まつ》られている神社があります。

源頼光　名前を見たら分かるように、私も「電撃一閃《でんげきいっせん》」系。

大川紫央　やっぱり。「頼《たよ》る」と「光」で、「らいこう（雷光）」と読んでもよいと書いてあるということは、電撃……。

源頼光　そうなんです。私も「電撃一閃」系なんです。

大川紫央　そうなんですね。幼いころの名前は文殊丸《もんじゅまる》。

頼光様は、ほかには経験がありますか、過去世《かこぜ》やその後……。

源頼光　●ヤイドロンさんなんかと仲間なんですよ。

大川紫央　ああ、そうなんですか。

源頼光　うん。まあ、使命は似ているから。

●**ヤイドロン**　マゼラン銀河・エルダー星の宇宙人。地球霊界における高次元霊的な力を持っており、「正義の神」に相当する。現在、地上に大川隆法として下生している地球神エル・カンターレの外護的役割を担う。『イエス　ヤイドロン　トス神の霊言』（幸福の科学出版刊）等参照。

大川紫央　ヤイドロンさんを知っているということですか。

源頼光　知っていますよ。

大川紫央　知っているんですね。

源頼光　うん。仲間ですから。

大川紫央　では、またお力を貸していただくこともあるかもしれませんが。

源頼光　ええ。（相手が）「鬼《おに》」だったら、私でもいいんですけど。まあ、どちらでも。あちらもやれますけど、「電撃一閃」やれますけど。

私は、まあ、日本人としての意識を持ってはいるけど、仕事は一緒《いっしょ》ですよ。「電撃一閃」なんですよ。角《つの》に落としてやるので。

・

大川紫央　なるほど。

源頼光　大丈夫《だいじょうぶ》です。こちらの戦力も、実は強いのでね。

失敗する人が一定の比率で出ることで「法種《ほうだね》」ができる

源頼光　宏洋《ひろし》氏も、縁《えん》を切ることで、敵として明確になったという。なかにいたら、どうしようもなかった。

大川紫央　そうですね。なかにいたときから、先生が言ってもいないことを、さも言ったかのように周りにも話して混乱を招いていたみたいですから。悪質極《きわ》まりないですね。

源頼光　〝インフレ〟には必ず〝暴落《ぼうらく》〟というものが待っているんでね。子供が五人も出たのには、多少、〝暴落〟は予想されているということですよね。

ただ、暴落、没落《ぼつらく》する人がいて、残った人が輝《かがや》く場合もあって。学ばなければいけないんですよ。相対的にできているのでね。そういう、失敗する人、迷わす人を見て、やっぱり、「正しい道」を考えなければいけない。その「教訓」は大きいんですよ。「教科書よりも大きい教訓」なのでね。

まあ、来世《らいせ》、（あの世に）還《かえ》ったら、生まれた理由が分かることもあるだろう。

大川紫央　彼らの魂《たましい》も、修行《しゅぎょう》で（この世に）出てきているから、何か学ばないといけないことがあるということですものね。

源頼光　だから、「お手伝いできるレベルではなかった」ということになります。

反省しなくてはならないし、（例えば）「過去世で妻だった」という人と会ったって、魂の境涯《きょうがい》が違《ちが》う場合もありますからね。

今回は女に生まれて、（相手が）今度は男のほうで、逆に、「そんな澄《す》み切った魂を持った女性が、男性になって生まれてくるから」といって、そんなのなんか相手にできないですよね。

まあ、人生は長いから、悪《あ》しき者にとっては苦しみが長いですよ。

大川紫央　見ていても、全部、自分で招いていますからね、その苦しみというか……。

源頼光　まあ、でも、一定の比率でそういう人が出てくることで「法種《ほうだね》」ができて、あとは、誰《だれ》について説いたものかは分からなくなって。まあ、それでいいんじゃないですか。

釈尊《しゃくそん》だって、一緒に生活している人のなかで、まあ、みんな悟《さと》りたくて来た人たちなんだろうけどね、現実は、問題がいっぱい起きて、そのつど法が説かれているので。

大川紫央　はい。

源頼光　誰のために説いた法かは分からないけれども、そういうことで法が説かれるので。全部が〝ピッカピカの善人〟でもいけないんじゃないでしょうかね。

「世間《せけん》は厳しい」と教えることも愛

源頼光　まあ、私はヤイドロンさんと同じような機能を持っていますので、いざというときは、あんまり生霊《いきりょう》とかが強くて、邪魔《じゃま》をするとかいうのなら、捕《ほ》縛《ばく》しますから、言ってください。

大川紫央　ありがとうございます。「頼光さん」と呼べば、来てくださいますか。

源頼光　はい。

大川紫央　分かりました。

源頼光　「源《みなもと》」が付いたほうが、もっといいです。

大川紫央　「源頼光様」とお呼びしたらよろしいでしょうか。

源頼光　うん、うん。まあ、「日本のヤイドロンさん」というようなものです。

大川紫央　なるほど。

源頼光　やっぱり、ちゃんといるんですよ、そういうのを退治する者が。

大川紫央　そうですね。「鬼」がいれば、「退治する者」がいて……。

源頼光　「鬼」もいけるしね、「妖怪《ようかい》」もいちおういけますから。

大川紫央　日本霊界《れいかい》には、いろいろと多いようで。

源頼光　ハッハッハッハッ（笑）。逃《に》げるのがうまい……。

大川紫央　坂田金時《さかたのきんとき》さんとかは、天狗《てんぐ》に強いのかしら。

源頼光　ああ、〝力比べ〟をするからね。あちらのほうが強いかもね。まあ、チームはありますから。ええ。

大川紫央　なるほど。

源頼光　まあ、やります、いざというときは。あなたがたの仕事を邪魔するようでしたら、やりますので。あんまりね、「慈悲《じひ》の心を出しすぎない」ことは大事ですね。「世間《せけん》は厳しい」ということを教えることも愛ですから。

「阿弥陀《あみだ》様の慈悲《じひ》」だけではなく「閻魔《えんま》大王の裁き」も必要

源頼光　悪なる者は護《まも》れない。実の息子《むすこ》でも訴《うった》えられる。

大川紫央　しかたがありませんね、息子だからといっても。まあ、今まで傍《はた》から見ても愛はもらっていたし、さらに言えば、その息子一人のせいで、多くの信者さんが傷つくのはいけないことですしね。

源頼光　うん。

大川紫央　みんなが大切に思っているのは、「信仰《しんこう》の対象」なので。

源頼光　そのときに同情しすぎて、ご機嫌《きげん》を取って、チャンスを与《あた》えすぎたために、そうなったんでしょう？

だから、「阿弥陀《あみだ》様の慈悲《じひ》」も大事だけど、そればかりではなくて、「閻魔《えんま》大王の裁き」も必要なんですよ。

大川紫央　分かりました。

源頼光　いや、〝対策班〟は十分いますので。まあ、「SAT《サット》（特殊急襲部隊《とくしゅきゅうしゅうぶたい》）」と言えば「SAT」なので。

大川紫央　なるほど。

源頼光　「霊界ＳＡＴ」。いざというときはやりますから。

大川紫央　はい。よろしくお願いいたします。

源頼光　はい。

大川紫央　ありがとうございました。

あとがき

最近は、悪魔以外にも、私の敵となって出てくる者が多くなった。もちろん幸福の科学の教線《きょうせん》が伸びて、彼らの生活領域を侵《おか》していることも事実である。

そのため、ヤイドロンやR・A・ゴールといった、この惑星外の守護神も出てきているが、地球産では、源頼光なども、仏敵調伏《ぶってきちょうぶく》、退散《たいさん》のための活動をしてくれる。

聖務の妨害を繰り返す者たちを、あまり長くは、相手にしていられないので、「電撃一閃《でんげきいっせん》」を使うことも多い。映画『心霊喫茶「エクストラ」の秘密―The《ザ》

『Real《リアル》 Exorcist《エクソシスト》―』のラストに近いシーンで、主人公のサユリが使う、あの電撃攻撃である。鬼や悪魔でも耐えられる者はまずいない。長く修行を積み、念力を磨《みが》き抜いた者だけが使える必勝の法力《ほうりき》である。教祖まわりで起きる事件に使用されることも多いので、本書でも割愛《かつあい》した文章が少なくない。秘術の一部に接したと思ってほしい。

二〇二〇年　五月十二日

幸福《こうふく》の科学《かがく》グループ創始者兼総裁《そうししゃけんそうさい》　大川隆法《おおかわりゅうほう》

『源頼光の霊言』関連書籍

『永遠の法』（大川隆法 著　幸福の科学出版刊）

『太陽に恋をして――ガイアの霊言――』（大川隆法・大川紫央 共著　同右）

『日本を救う陰陽師パワー――公開霊言 安倍晴明・賀茂光栄――』

（大川隆法 著　同右）

『イエス　ヤイドロン　トス神の霊言』（同右）

源《みなもとの》頼光《らいこう》の霊言《れいげん》 ――鬼退治・天狗妖怪対策を語る――

2020年5月26日　初版第1刷

著者　大《おお》川《かわ》隆《りゅう》法《ほう》

発行所　幸福の科学出版株式会社
〒107-0052 東京都港区赤坂2丁目10番8号
TEL(03)5573-7700
https://www.irhpress.co.jp/

印刷・製本　株式会社 研文社

落丁・乱丁本はおとりかえいたします

ISBN978-4-8233-0181-0 C0014

大川隆法ベストセラーズ・降魔力を身につけるために

真のエクソシスト

身体が重い、抑うつ、悪夢、金縛り、幻聴──。それは悪霊による「憑依」かもしれない。フィクションを超えた最先端のエクソシスト論、ついに公開。

1,600円

エクソシスト概論

あなたを守る、「悪魔祓い」の基本知識Q＆A

悪霊・悪魔は実在する──。憑依現象による不幸や災い、統合失調症や多重人格の霊的背景など、六大神通力を持つ宗教家が明かす「悪魔祓い」の真実。

1,500円

エクソシスト入門

実録・悪魔との対話

悪霊を撃退するための心構えが説かれた、悪魔祓い入門書。宗教がなぜ必要なのか、明確な答えがここに。ルシフェルや覚鑁などの悪魔との対話も収録。

1,400円

悪魔からの防衛術

「リアル・エクソシズム」入門

現代の「心理学」や「法律学」の奥にある、霊的な「正義」と「悪」の諸相が明らかに。"目に見えない脅威"から、あなたの人生を護る降魔入門。

1,600円

大川隆法 ベストセラーズ・霊的世界の真実

永遠の法

エル・カンターレの世界観

すべての人が死後に旅立つ、あの世の世界。天国と地獄をはじめ、その様子を明確に解き明かした、霊界ガイドブックの決定版。

2,000円

神秘の法

次元の壁を超えて

この世とあの世を貫く秘密を解き明かし、あなたに限界突破の力を与える書。この真実を知ったとき、底知れぬパワーが湧いてくる!

1,800円

霊界・霊言の証明について考える

大川咲也加 著

霊や霊界は本当に存在する――。大川隆法総裁の霊的生活を間近で見てきた著者が、「目に見えない世界」への疑問に、豊富な事例をもとに丁寧に答える。

1,400円

実体験で語る「霊言の証明」
スピリチュアル・エキスパート座談会

幸福の科学総合本部 編

チャネラー経験者たちが語る、霊言の「リアル」! 霊が体に入る感覚、霊の言葉を発するメカニズムなど、具体的な「霊現象の神秘」が初めて明かされる。

1,400円

※表示価格は本体価格(税別)です。

大川隆法ベストセラーズ・宗教修行の指針

悪魔の嫌うこと

悪魔は現実に存在し、心の隙を狙ってくる！ 悪魔の嫌う3カ条、怨霊の実態、悪魔の正体の見破り方など、目に見えない脅威から身を護るための「悟りの書」。

1,600円

嘘をつくなかれ。

嘘をついても、「因果の理法」はねじ曲げられない──。中国の国家レベルの嘘や、悪口産業と化すマスコミに警鐘を鳴らし、「知的正直さ」の価値を説く。

1,500円

宗教者の条件

「真実」と「誠」を求めつづける生き方

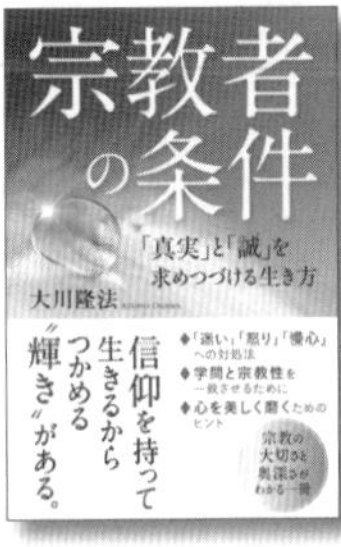

宗教者にとっての成功とは何か──。「心の清らかさ」や「学徳」、「慢心から身を護る術」など、形骸化した宗教界に生命を与える、宗教者必見の一冊。

1,600円

心を磨く

私の生き方・考え方

大川咲也加 著

幸福の科学の後継予定者・大川咲也加が語る、23の「人生の指針」。誠実さ、勤勉さ、利他の心、調和の心など、『日本発の心のバイブル』とも言うべき1冊。

1,400円

大川隆法「法シリーズ」・最新刊

鋼鉄の法

法シリーズ
第26作

人生をしなやかに、力強く生きる

自分を鍛え抜き、迷いなき心で、闇を打ち破れ──。
人生の苦難から日本と世界が直面する難題まで、さまざまな試練を乗り越えるための方法が語られる。

第１章　繁栄を招くための考え方
──マインドセット編

第２章　原因と結果の法則
──相応の努力なくして成功なし

第３章　高貴なる義務を果たすために
──価値を生んで他に貢献する「人」と「国」のつくり方

第４章　人生に自信を持て
──「心の王国」を築き、「世界の未来デザイン」を伝えよ

第５章　救世主の願い
──「世のために生き抜く」人生に目覚めるには

第６章　奇跡を起こす力
──透明な心、愛の実践、祈りで未来を拓け

2,000円

幸福の科学の中心的な教え──「法シリーズ」

好評発売中！

幸福の科学出版

モナコ国際映画祭2020
最優秀作品賞
(エンジェル・トロフィー賞)
ヒューストン
国際映画祭2020
ゴールド賞
心の闇を、打ち破る。
心霊喫茶
「エクストラ」の秘密
—THE REAL EXORCIST—
製作総指揮・原作／大川隆法
千眼美子
伊良子未來 希島凛 日向丈 長谷川奈央 大浦龍宇一 芦川よしみ 折井あゆみ
監督／小田正鏡 脚本／大川咲也加 音楽／水澤有一 製作／幸福の科学出版 製作協力／ARI Production ニュースター・プロダクション
制作プロダクション／ジャンゴフィルム 配給／日活 配給協力／東京テアトル ©2020 IRH Press cafe-extra.jp
2020年5月15日(金) ロードショー

1991年7月15日、東京ドーム。
人類史を変える「歴史的瞬間」が誕生した。
――これは、映画を超えた真実。
夜明けを信じて。
2020年秋 ROADSHOW
製作総指揮・原作 大川隆法
田中宏明 千眼美子 長谷川奈央 芦川よしみ 石橋保
監督／赤羽博 音楽／水澤有一 脚本／大川咲也加 製作／幸福の科学出版 製作協力／ARI Production ニュースター・プロダクション
制作プロダクション／ジャンゴフィルム 配給／日活 配給協力／東京テアトル ©2020 IRH Press

幸福の科学グループのご案内

宗教、教育、政治、出版などの活動を通じて、地球的ユートピアの実現を目指しています。

幸福の科学

一九八六年に立宗。信仰の対象は、地球系霊団の最高大霊、主エル・カンターレ。世界百カ国以上の国々に信者を持ち、全人類救済という尊い使命のもと、信者は、「愛」と「悟り」と「ユートピア建設」の教えの実践、伝道に励んでいます。

（二〇二〇年五月現在）

愛

幸福の科学の「愛」とは、与える愛です。これは、仏教の慈悲《じひ》や布施《ふせ》の精神と同じことです。信者は、仏法真理をお伝えすることを通して、多くの方に幸福な人生を送っていただくための活動に励んでいます。

悟り

「悟り」とは、自らが仏の子であることを知るということです。教学《きょうがく》や精神統一によって心を磨き、智慧《ちえ》を得て悩みを解決すると共に、天使・菩薩《ぼさつ》の境地を目指し、より多くの人を救える力を身につけていきます。

ユートピア建設

私たち人間は、地上に理想世界を建設するという尊い使命を持って生まれてきています。社会の悪を押しとどめ、善を推し進めるために、信者はさまざまな活動に積極的に参加しています。

国内外の世界で貧困や災害、心の病で苦しんでいる人々に対しては、現地メンバーや支援団体と連携して、物心両面にわたり、あらゆる手段で手を差し伸べています。

年間約２万人の自殺者を減らすため、全国各地で街頭キャンペーンを展開しています。

公式サイト **www.withyou-hs.net**

ヘレン・ケラーを理想として活動する、ハンディキャップを持つ方とボランティアの会です。視聴覚障害者、肢体不自由な方々に仏法真理を学んでいただくための、さまざまなサポートをしています。

公式サイト **www.helen-hs.net**

入会のご案内

幸福の科学では、大川隆法総裁が説く仏法真理《ぶっぽうしんり》をもとに、「どうすれば幸福になれるのか、また、他の人を幸福にできるのか」を学び、実践しています。

入会　仏法真理を学んでみたい方へ

大川隆法総裁の教えを信じ、学ぼうとする方なら、どなたでも入会できます。入会された方には、『入会版「正心法語《しょうしんほうご》」』が授与されます。

ネット入会　入会ご希望の方はネットからも入会できます。
happy-science.jp/joinus

三帰《さんき》誓願《せいがん》　信仰をさらに深めたい方へ

仏弟子としてさらに信仰を深めたい方は、仏《ぶっ》・法《ぼう》・僧《そう》の三宝《さんぽう》への帰依を誓う「三帰誓願式」を受けることができます。三帰誓願者には、『仏説・正心法語』『祈願文《きがんもん》①』『祈願文②』『エル・カンターレへの祈り』が授与されます。

幸福の科学 サービスセンター
TEL 03-5793-1727
受付時間／火～金：10～20時　土・日祝：10～18時（月曜を除く）

幸福の科学 公式サイト
happy-science.jp

ハッピー・サイエンス・ユニバーシティ

Happy Science University

ハッピー・サイエンス・ユニバーシティとは

ハッピー・サイエンス・ユニバーシティ（HSU）は、大川隆法総裁が設立された「現代の松下村塾」であり、「日本発の本格私学」です。
建学の精神として「幸福の探究と新文明の創造」を掲げ、チャレンジ精神にあふれ、新時代を切り拓く人材の輩出を目指します。

人間幸福学部　経営成功学部　未来産業学部

HSU長生キャンパス TEL **0475-32-7770**
〒299-4325　千葉県長生郡長生村一松丙 4427-1

未来創造学部

HSU未来創造・東京キャンパス
TEL **03-3699-7707**
〒136-0076　東京都江東区南砂2-6-5　公式サイト **happy-science.university**

学校法人 幸福の科学学園

学校法人 幸福の科学学園は、幸福の科学の教育理念のもとにつくられた教育機関です。人間にとって最も大切な宗教教育の導入を通じて精神性を高めながら、ユートピア建設に貢献する人材輩出を目指しています。

幸福の科学学園

中学校・高等学校（那須本校）
2010年4月開校・栃木県那須郡（男女共学・全寮制）
TEL **0287-75-7777** 公式サイト **happy-science.ac.jp**

関西中学校・高等学校（関西校）
2013年4月開校・滋賀県大津市（男女共学・寮及び通学）
TEL **077-573-7774** 公式サイト **kansai.happy-science.ac.jp**

仏法真理塾「サクセスNo.1」

全国に本校・拠点・支部校を展開する、幸福の科学による信仰教育の機関です。小学生・中学生・高校生を対象に、信仰教育・徳育にウエイトを置きつつ、将来、社会人として活躍するための学力養成にも力を注いでいます。

TEL 03-5750-0751（東京本校）

エンゼルプランV TEL 03-5750-0757
幼少時からの心の教育を大切にして、信仰をベースにした幼児教育を行っています。

不登校児支援スクール「ネバー・マインド」 TEL 03-5750-1741
心の面からのアプローチを重視して、不登校の子供たちを支援しています。

ユー・アー・エンゼル！（あなたは天使！）運動
一般社団法人 ユー・アー・エンゼル TEL 03-6426-7797
障害児の不安や悩みに取り組み、ご両親を励まし、勇気づける、
障害児支援のボランティア運動を展開しています。

NPO活動支援

学校からのいじめ追放を目指し、さまざまな社会提言をしています。また、各地でのシンポジウムや学校への啓発ポスター掲示等に取り組む一般財団法人「いじめから子供を守ろうネットワーク」を支援しています。

公式サイト mamoro.org　ブログ blog.mamoro.org
相談窓口 TEL.03-5544-8989

百歳まで生きる会

「百歳まで生きる会」は、生涯現役人生を掲げ、友達づくり、生きがいづくりをめざしている幸福の科学のシニア信者の集まりです。

シニア・プラン21

生涯反省で人生を再生・新生し、希望に満ちた生涯現役人生を生きる仏法真理道場です。定期的に開催される研修には、年齢を問わず、多くの方が参加しています。
全世界212カ所（国内197カ所、海外15カ所）で開校中。

【東京校】TEL 03-6384-0778 FAX 03-6384-0779
メール senior-plan@kofuku-no-kagaku.or.jp

幸福実現党

内憂外患《ないゆうがいかん》の国難に立ち向かうべく、2009年5月に幸福実現党を立党しました。創立者である大川隆法党総裁の精神的指導のもと、宗教だけでは解決できない問題に取り組み、幸福を具体化するための力になっています。

幸福実現党 釈量子サイト **shaku-ryoko.net**
Twitter **釈量子@shakuryokoで検索**

幸福実現党NEWS
知恵を持って経済活動を始めよう

党の機関紙
「幸福実現党NEWS」

幸福実現党 党員募集中

あなたも幸福を実現する政治に参画しませんか。

○ 幸福実現党の理念と綱領、政策に賛同する18歳以上の方なら、どなたでも参加いただけます。
○ 党費：正党員（年額5千円［学生 年額2千円］）、特別党員（年額10万円以上）、家族党員（年額2千円）
○ 党員資格は党費を入金された日から1年間です。
○ 正党員、特別党員の皆様には機関紙「幸福実現党NEWS（党員版）」（不定期発行）が送付されます。

＊申込書は、下記、幸福実現党公式サイトでダウンロードできます。
住所：〒107-0052 東京都港区赤坂2-10-8 6階 幸福実現党本部
TEL **03-6441-0754** FAX **03-6441-0764**
公式サイト **hr-party.jp**

大川隆法　講演会のご案内

大川隆法総裁の講演会が全国各地で開催されています。講演のなかでは、毎回、「世界教師」としての立場から、幸福な人生を生きるための心の教えをはじめ、世界各地で起きている宗教対立、紛争、国際政治や経済といった時事問題に対する指針など、日本と世界がさらなる繁栄の未来を実現するための道筋が示されています。

講演会には、どなたでもご参加いただけます。
最新の講演会の開催情報はこちらへ。⟹

大川隆法総裁公式サイト
https://ryuho-okawa.org